DER LIEBEN MUTTER

RUDOLF BILLER

GARNIEREN UND VERZIEREN

FALKEN VERLAG

INHALT

Vorwort

Der Autor, Rudolf Biller, bei einer Präsentation seiner kleinen Kunstwerke

Essen und Trinken sind Grundbedürfnisse – aber nicht nur: Sie bieten auch einen angenehmen Anlaß für geselliges Beisammensein. Und wenn der Anlaß darüber hinaus ein festlicher ist, dann sollten die Speisen und Getränke nicht nur kulinarisch zufriedenstellend, sondern bereits optisch den Appetit anregen und Lust aufs Essen machen. Auch wenn der Satz „Das Auge ißt immer mit!" ein wenig abgedroschen klingen mag, an Gültigkeit hat er nicht verloren.

Bereits im alten Rom erkannte man den Zusammenhang zwischen einer aufwendig dekorierten Tafel und dem Appetit. Und auch die klassischen Küchen Asiens, die chinesische und die japanische, räumen den Garnierungen und den Garnituren ihrer Speisen seit Jahrhunderten einen herausragenden Stellen-

wert ein. Dennoch ist für den „Hausgebrauch" zu berücksichtigen, daß das Vergnügen am Essen größer sein sollte als die Optik: Ein Gast muß zugreifen können, ohne Angst haben zu müssen, ein Kunstwerk zu zerstören.
Und wer sich einmal mit dem Thema „Garnieren und Verzieren" beschäftigt hat, für den ist es dann auch nicht mehr schwer, vom kleinen Gericht zum großen Buffet zu gelangen. Achten Sie nur darauf, daß Ihr Buffet immer unter einem Motto steht. Ein festliches Buffet darf keine rustikalen Teller oder Platten zeigen. Angerichtet wird grundsätzlich von einem Blickfang ausgehend zu beiden Tischecken hin.
Die in diesem Buch gezeigten Garnierungen und Verzierungen sollen der Hausfrau und dem Hausmann helfen, die Gerichte für das tägliche Zusammenkommen bei Tisch und auch die Speisen für ein festliches Familientreffen oder für andere Anlässe durch phantasievolle und doch klassische Dekorationen zu verschönern.

Neben „Handwerklichem" bietet dieses Buch auch eine ausführliche Warenkunde zu den einzelnen verwendeten Produkten, die den Umgang mit Früchten oder Gemüsen erleichtern und Hinweise zur Lagerung und Verarbeitung geben.
Die folgenden Seiten zeigen Anwendungsbeispiele dafür, wie Fleisch-, Fisch- oder Käseplatten sowie süße Sachen mit Früchten, Gemüse oder Cremes und Glasuren dekorativ verschönert werden können. Wie die unterstrichenen Garnituren sowie die dazu notwendigen Lebensmittel vorbereitet und bearbeitet werden müssen, erfahren Sie dann in den entsprechenden Kapiteln. (Alle im Buch gezeigten Arbeitsgeräte finden Sie im Fachhandel oder in den Fachabteilungen der Warenhäuser.)
Die notwendigen Rezepte finden Sie in alphabetischer Reihenfolge am Schluß des Buches. So ausgerüstet, dürfte es Ihnen nicht mehr schwerfallen, die eigene Phantasie spielen zu lassen oder auch die hier gezeigten anregenden Dekorationen nachzuarbeiten.

DAS FESTLICHE BUFFET

Dieses festliche Buffet können Sie aus fertig ge-
kauften und selbst zubereiteten Speisen zusammen-
stellen. Die Verzierungen auf den hier gezeigten

Platten sind in diesem Buch beschrieben und
lassen sich leicht nacharbeiten

PIKANTE PLATTEN

DIE GROSSE FISCHPLATTE

Ein ganzer Lachs wird mit Aspik überzogen und mit Tomatenblättern, Trüffelellipsen und Spargelspitzen verziert. Als zusätzliche Garnierungen werden verwendet: eine Zitronenkrone mit Traube, eine Reihe aus kanellierten, halben Zitronenscheiben sowie Tomatenkörbchen auf kanellierten Gurkenscheiben, gefüllt mit olivenförmigem

Gemüsesalat, eine mit Sahnemeerrettich gefüllte Melone umkreist von einem Kugelrand und ein Zitronenkörbchen mit Kapern

PIKANTE PLATTEN

FORELLENPLATTE

Die Fische werden mit Blüten aus Olivenscheiben, Ei, Lauch, Radieschenscheiben und Dillästchen verziert. Auch eine Dekoration aus zwei Spargelspitzen und Tomatenstreifen sieht schön aus. Zusätzlicher Blickfang

sind die Möhrenspiralen, die Tomatenrose und die Spirale aus kanellierten Zitronenscheiben sowie das mit Oliven gefüllte kanellierte Zitonenkörbchen

Ente mit Garniturspiess

Die Ente ist auf einer Platte angerichtet, die vorher mit einer Blüte unter Aspik verziert wurde. Die Seerose mit Erdbeere und die Lachsschinkenröllchen mit Spargel rahmen die Ente dekorativ ein. Auf dem Garniturspieß stecken eine Zitronenkrone, ein Orangenachtel und zwei Cocktailkirschen, eine Tomatenkrone und ein tournierter Champignonkopf sowie eine Traube

15

Pikante Platten

Jungschweinerücken

Der Jungschweinerücken wurde verziert mit drei verschieden garnierten Medaillons, gefüllten Eiern, einer Tomatenrose im Kressenest sowie einer mit Gemüsesalat gefüllten Paprikahälfte.

KALBSRÜCKEN

Die Kalbfleischscheiben sind auf einem
Rippenstück angeordnet und mit grünen
und weißen Spargelspitzen sowie mit
Möhrenspiralen verziert.
Als Randgarnitur werden
Orangenkörbchen mit
Waldorfsalat, Manda-
rine, Cocktail-
kirsche und
Walnuß so-
wie Melonen-
achtel mit Me-
lonenkugeln
und Lachs-
schinkenröll-
chen mit
Trauben
verwendet

Pikante Platten

Roastbeef

Die Roastbeefscheiben liegen auf einem Rippenstück und sind mit Gemüsesalat verziert. Zusätzliche Dekorationen sind Gurkenschiffchen mit Gemüsekugeln, ein gefüllter Rettich und Kirschtomaten

WURST- UND KÄSEPLATTE

Für geselliges Beisammensein immer wieder geeignet: Wurst- und Käseplatten. Der Mittelpunkt der Wurstplatte ist eine mit deftig eingelegtem Gemüse gefüllte Gurke, an deren Längsseite Gurkenkugeln aufgereiht sind.

Die Käseplatte wirkt durch die Schwanenhalsserviette, die Radieschenrosen und die mit Perlzwiebeln gefüllte Tomatenkrone. Zusätzlichen Pfiff bekommt die Dekoration durch die Butterrose und die Butterkugeln.

23

Pikante Platten

Obstsalatarrangement

Für diese Obstsalatplatte können Sie alle Saison-
früchte verwenden. Die einzelnen Früchte werden
sorgfältig geschält und in Scheiben geschnitten
oder in Filets zerlegt. Anschließend ordnet man
die Früchte stufenweise auf einer Platte an.
Blickfang bei dieser Obstsalatplatte ist die
Melonenhälfte mit Erdbeeren.

ZITRUSFRÜCHTE

ZITRONE UND LIMETTE

Zitronen und Limetten gibt es das ganze Jahr über zu kaufen: Zitronen in jedem Lebensmittelgeschäft, Limetten in guten Obst-Gemüse-Läden oder Feinkostgeschäften.
Die Hauptlieferländer für Zitronen sind Italien (Sizilien) und Spanien; Limetten kommen aus Brasilien, Mexiko und Ekuador. Zitronen und Limetten sind nahe Verwandte, obgleich sie sich äußerlich sowohl durch die Farbe der Schale als auch durch die Größe voneinander unterscheiden: Limetten sind kleiner als Zitronen, dünnschalig und haben eine kräftig grün gefärbte Schale.

ORANGE

Die Hauptlieferländer für Winterorangen sind Spanien und Israel sowie Marokko, Italien und Griechenland. Sommerorangen kommen vor allem aus Südafrika, Südamerika und Kalifornien. Obwohl etwa 400 Orangensorten bekannt sind, unterscheidet der Handel grundsätzlich zwei Hauptgruppen: blonde Orangen mit heller Schale und hellem Fruchtfleisch sowie Blutorangen, bei denen das Fruchtfleisch und manchmal auch die Schale blutrot gefärbt sind.
Vertreter der blonden Orangen sind beispielsweise Navel-Orangen mit der eingebetteten Zweitfrucht sowie Shamouti oder Jaffa.
Blonde Orangen sind das ganze Jahr über erhältlich, Blutorangen von Dezember bis Mitte März.

MANDARINE

Mandarinen sind kleiner als Orangen und haben eine sehr lose sitzende Schale, die sich leicht entfernen läßt. Beim Kauf von frischen Mandarinen sind kernlose Arten vorzuziehen; zu empfehlen ist die Sorte Clementine.
Mandarinen gibt es auch als Konservenware. Konservenfrüchte sind bereits filetiert und eignen sich daher besonders gut für Dekorationen.

Was ist beim Kauf von Zitrusfrüchten zu beachten?

Reifegrad: Grundsätzlich sollten die Früchte frische, pralle Schalen und Druckfestigkeit haben. Eine schrumpelige Schale ist nicht nur unschön für Dekorationen, sondern weist auch auf ungenügende Frische hin. Früchte mit einem Anflug von Schimmel sind in jedem Fall unbrauchbar!

Hinweis: Eine tiefgrüne Schale bei Limetten ist übrigens ein Zeichen für den richtigen Reifegrad.

Behandelte Früchte

Die meisten Zitrusfrüchte – eine Ausnahme bilden die Limetten – werden nach der Ernte speziell behandelt, um eine längere Haltbarkeit zu gewährleisten und die Früchte vor einem Befall mit Blau- oder Grünschimmel zu schützen. Dazu wird die Schale gewachst und mit Konservierungsstoffen behandelt.
Diese Konservierungsstoffe lassen sich auch durch Waschen mit heißem Wasser nicht entfernen. Wer die Schale mitverwenden möchte, sollte nur unbehandelte Zitrusfrüchte benutzen. Aber auch hier gilt: Die Früchte sollten vor der Verarbeitung grundsätzlich abgewaschen werden.

Arbeitsgeräte

Für glatte Schnitte bei Zitrone und Limette wird ein kleines Küchenmesser verwendet.
Für Orangen braucht man wegen des größeren Durchmessers der Früchte ein mittleres bis größeres Messer.
Mit dem Kanneliermesser werden Kerben in die Schale von Orangen und Zitronen geritzt. Schneidet man die Früchte anschließend in Scheiben, ergibt sich ein sternförmiges Muster.
Zum Ausstechen von Zitronen-, Limetten- oder Orangenscheiben werden acht bis zehn verschieden große Ausstecher benötigt. Bei Ausstechern mit glattem Rand läßt sich die Schale der Zitrusscheibe durch eine Drehung des Ausstechers leicht vom Fruchtfleisch lösen.

ZITRUSFRÜCHTE

SCHEIBEN

Für Dekorationen mit Scheiben eignen sich Zitronen und Orangen, aber auch Limetten.

KANNELIEREN

Mit dem Kanneliermesser wird die Schale der ganzen Frucht senkrecht eingekerbt.
Die kannelierte Frucht anschließend in Scheiben schneiden – zum Belegen oder für den Glasrand etwas dicker, für gedrehte Scheiben etwas dünner.

GETEILTE SCHEIBEN

Glatte oder kannelierte Scheiben halbieren, vierteln oder achteln.

AUSSTECHEN

Die Zitrusfrucht in etwa 5 bis 7 mm starke Scheiben schneiden und das Fruchtfleisch mit einem glatten oder geriffelten Ausstecher ausstechen. An der Scheibe darf keine Schale übrigbleiben.

FÄCHER

3 bis 4 halbe Scheiben fächerförmig hintereinandersetzen.

Kannelieren

Scheiben schneiden

Teilen

Ausstechen

Ausgestochene Orangenscheibe mit Melonenkugel und Trüffelspitzen

Kannelierte Zitronenscheiben mit Kirschtomaten, Angelikarauten und Trüffelpunkt

Halbe Zitronenscheiben mit glatter oder kannelierter Schale, verziert mit Scheiben von gefüllten Oliven, Angelikarauten oder Melonenkugeln

Orangensechstel mit Cocktailkirsche und Trüffel oder schwarzer Garniermasse

Orangenscheiben mit ausgestochenen Paprikahalbmonden und Melonenkugel, rechts davon kannelierte
Zitronenscheibe mit Paprikaherzen,

darunter ausgestochene Orangenscheibe mit Tomaten-Angelika-
Blume und Trüffelellipsen

Zitronenfächer mit Ange-
likarauten, Paprikastern
und Melonenkugel

29

ZITRUSFRÜCHTE

EINGEKERBTE SCHEIBEN

Die glatte oder kannelierte Scheibe einer Zitrusfrucht bis zur Mitte einschneiden.
Für eine Tüte die zwei Enden einer dünnen eingekerbten Scheibe übereinanderschieben, so daß ein Trichter entsteht.
Für eine Spirale die Schnittflächen einer dünnen eingekerbten Scheibe jeweils nach vorn und hinten drehen.
Für eine Schlangenlinie mehrere eingekerbte Scheiben zu Spiralen drehen und diese leicht versetzt hintereinanderlegen.

SPALTEN

Die Frucht der Länge nach halbieren und die Hälften jeweils in vier bis fünf Schnitze teilen.

ORANGENFILETS

Die Schale der Orange oder Zitrone an der Stiel- und Blütenseite abschneiden, bis das Fruchtfleisch zu sehen ist.
Die Schale dicht am Fruchtfleisch entlang abschneiden.
Die einzelnen Filets mit einem scharfen Messer herauslösen.

SCHEIBEN ODER HÄLFTEN MIT SCHLEIFE

Bei einer Scheibe die Schale rundherum fast ganz abschälen und den Streifen dann zu einem Knoten einschlagen.
Bei einer halbierten Frucht am Rand einen 5 mm breiten Streifen der Schale leicht schräg fast ganz abschälen und ebenfalls zum Knoten einschlagen.

GLASRANDVERZIERUNG

Eine Zitrone vierteln oder achteln. Die Schale etwa 3 cm flach einschneiden, aber nicht abschneiden. Die Zitronenecke an dem eingeschnittenen Stück Schale an den Rand eines Glases hängen.

Filets

Zitronenspalten

Zitronenspirale und Zitronentüte

Zitronenhälfte mit Schleife, darunter Fächer aus Orangenfilets

Fächer aus drei Zitronenspiralen auf kannelierter Zitronenscheibe mit Olive

Zitronentüte mit drei Cocktailkirschen und Angelikarauten

SEEROSE

Die Schale einer Orange oder Mandarine mit einem spitzen Messer etwa drei Viertel von der Blüte bis zum Stielansatz etwa achtmal einritzen.
Die Schalenspitzen vorsichtig lösen und auseinanderbiegen. Die Orangenschnitze behutsam voneinander lösen.

Orangenblüte

Mandarinenkrone mit Cocktailkirsche sowie verschiedene Verzierungen für einen Glasrand

Schleifenrand

Zitronentüte mit Mandarinenspalte, Cocktailkirsche, Angelikaraute und Walnuß, daneben Spirale aus kannelierten Zitronenscheiben

Zitronenspalten mit Scheiben von gefüllten Oliven

ZITRUSFRÜCHTE

ORANGENKÖRBCHEN

Die Orange oben und unten abflachen und halbieren. Das
Fruchtfleisch mit einem Löffel
aus den Hälften herausnehmen.
Eine weitere Orange kannelieren, zwei dicke Scheiben abschneiden und diese mit aufge-
löster Gelatine oder mit Aspik
(Rezept Seite 106) einpinseln.
Jeweils eine ausgehöhlte Oran-
genhälfte darauf setzen. Nochmals etwas Aspik in die Oran-
genhälften geben. Nach dem
Gelieren des Aspiks ist die Häl-
te dann flüssigkeitsdicht. Sie
kann beliebig gefüllt werden.

HENKELKÖRBCHEN MIT GLATTEM ODER GEZACKTEM RAND

Mit einem scharfen Messer den
Henkel nach dem Verlauf der
gestrichelten Linien glatt aus der
Frucht ausschneiden. Das
Fruchtfleisch herausnehmen.
Beim zweiten Körbchen ober-
halb der Fruchtmitte einen 2 cm
breiten Streifen schneiden. Die
Frucht in der Mitte bis zu den
Henkelansätzen zackenförmig
einschneiden.

KRONE

Die Mitte der Frucht markieren,
damit die Einschnitte später
gleichmäßig werden. Die Frucht
bis zum Mittelpunkt im Zickzackmuster mit einem spitzen Messer durchstechen. Die Hälften
vorsichtig voneinander trennen.
Damit die Hälften fest aufgestellt
werden können, am unteren
Ende jeweils eine dünne Scheibe
abschneiden. Das Fruchtfleisch
herauslösen.

Körbchen

Krone

Aushöhlen

Orangenkörbchen mit glattem
Rand, gefüllt mit Oliven

Orangenkrone gefüllt mit Waldorfsalat (siehe Rezeptteil)

GELEEORANGEN UND -ZITRONEN

Die Früchte der Länge nach halbieren und das Fruchtfleisch vorsichtig mit einem Löffel herauslösen. Die vorbereiteten Hälften für einen sicheren Stand auf ein Glas setzen.
Das Mint- und Johannisbeergelee (siehe Rezeptteil) in die ausgehöhlten Hälften gießen und im Kühlschrank erstarren lassen. Dann die Früchte in Garniturecken schneiden.

Geleeorange

Orangenkörbchen mit gezacktem Rand, gefüllt mit Senffrüchten

Orangenecken mit Johannisbeer- und Mintgelee

Kanneliertes Orangenkörbchen mit Obstsalat

33

Stein- und Kernobst

Apfel

Äpfel werden weltweit in über 20 000 verschiedenen Sorten gezüchtet. Trotzdem ist der Apfel eine Frucht gemäßigter Klimazonen, da er nur hier die Ausgewogenheit von erfrischender Säure und schmackhafter Süße erhält.
Die deutsche Apfelsaison beginnt etwa im August mit den Klaräpfeln, dann folgen Gravensteiner und James Grieve. Danach kommen die Wintersorten Cox's Orange, Boskop und viele andere. Im Frühjahr setzt die Saison der Importfrüchte ein. Die wichtigsten Sorten sind Golden Delicious, Granny Smith und Jonathan.

Äpfel für Garnierungen und Verzierungen

Da sich das Apfelfruchtfleisch schnell bräunlich färbt, wenn die Früchte geschält oder aufgeschnitten wurden, müssen die Äpfel vor der Verarbeitung als Garnierung speziell behandelt werden.
Um eine Verfärbung zu verhindern, sollte man die Früchte nach dem Zurechtschneiden entweder pochieren (siehe Seite 36), die Schnittstellen mit Zitronensaft beträufeln oder die Früchte mit Aspik (Rezept Seite 110) überziehen.

Birne

Birnen werden in über 5000 Sorten gezüchtet. Man unterscheidet Tafelbirnen mit saftigem, weißen und süßen Fruchtfleisch sowie Kochbirnen, die ziemlich hart und wenig saftig sind.
Für Birnen gibt es nur einen kurzen Erntezeitraum, da die Früchte rasch verderben. Zum Kochen werden deshalb oft Birnen aus der Konservendose verwendet – besonders bekannt ist hier die Williamsbirne.

PFIRSICH

Pfirsiche gibt es in über 2000 Sorten. Die Früchte haben eine samtigweiche Haut und festes, saftiges Fruchtfleisch mit einem großen Stein.

Man unterscheidet Pfirsiche nach Sorten, die sich leicht vom Stein lösen und solchen, deren Fruchtfleisch daran hängenbleibt.

Pfirsiche gibt es von April bis September. Die Früchte werden in dieser Zeit aus Italien, Griechenland und Frankreich importiert. Im Winter kommen Pfirsiche aus Südafrika auf unseren Markt. Pfirsiche lassen sich mit Himbeeren und Erdbeeren kombinieren.

ARBEITSGERÄTE

Mit dem Sparschäler kann das Kernobst hauchdünn geschält werden.

Das Küchenmesser für das säuerliche Kernobst sollte unbedingt rostfrei sein, da es sonst anlaufen würde. Es wird zum Schneiden von Scheiben und zum Teilen verwendet.

Mit dem Apfelteiler kann ein Apfel in gleichmäßige Spalten geschnitten werden. Dabei wird gleichzeitig das Kerngehäuse entfernt.

Ausstecher werden zur Vorbereitung von Äpfeln zum Füllen verwendet. Für den inneren Rand nimmt man einen kleineren Ausstecher mit etwa 3,5 bis 4 cm Durchmesser. Der Ausstecher für den äußeren Rand muß größer sein, etwa 5 bis 6 cm, und kann auch einen gewellten Rand haben.

Für Äpfel und Birnen, die gefüllt werden sollen, benutzt man Kugelausstecher in verschiedenen Größen, um das Kerngehäuse zu entfernen oder die Frucht auszuhöhlen.

STEIN- UND KERNOBST

ÄPFEL SCHÄLEN

Äpfel werden mit dem Sparschäler spiralförmig geschält.
Bei halben Äpfeln das Kerngehäuse mit einem Kugelausstecher herausheben.
Werden Apfelschnitze benötigt,
schneidet man das Kerngehäuse
mit einem kleinen Messer halb-
mondförmig aus.

ÄPFEL POCHIEREN

Den Apfel entsprechend der
Garnierung zurechtschneiden
und anschließend in Weißwein
pochieren. Zur geschmacklichen
Abrundung etwas Zucker, eine
Zimtstange und etwas Zitrone
hinzufügen. Je nach Dauer der
Pochierzeit werden die Apfel-
stücke entweder weich oder
bleiben noch knackig.

ÄPFEL PANIEREN

Die abgetropften Scheiben in
Mehl wälzen und in einer Pfanne
mit Butter gleichmäßig braun
braten.
Oder: Die Scheiben in Mehl, verquirltem Ei und gehobelten
Mandeln oder mit Kokosflocken
panieren. Danach in der Friteuse
oder in einer Pfanne mit etwas
geklärter Butter goldbraun
backen.

Schälen

Kerngehäuse
entfernen

Pochierte Apfelscheibe

In Mandeln panierte Scheibe

In Kokosflocken panierte Scheibe

GEDÜNSTETER APFEL ZUM FÜLLEN

Hierfür eine kleine Apfelsorte,
zum Beispiel Berlepschäpfel
oder Cox's Orange verwenden.
Ersatzweise können größere
Äpfel auch entsprechend ausgestochen werden.
Zum Ausstechen benötigt man
verschiedene Ausstecher (glatte
und gewellte Formen können
verwendet werden): ein größerer
Ausstecher für außen, ein kleine-
rer Ausstecher für innen, ein Kugelausstecher, um das Kerngehäuse zu entfernen.
Mit dem großen Ausstecher die
Außenseite des Apfels ausstechen. Den kleineren Ausstecher
etwa einen Zentimeter in den
Apfel drücken und mit dem Kugelausstecher das Kerngehäuse
sauber entfernen, ohne den äußeren Rand zu beschädigen.
Die fertigen Äpfel in Weißwein
zusammen mit Zucker, Zitronenschale, Nelke und Zimtstange
pochieren.

Ausgestochener
Apfel für
Füllungen

Gefüllter Apfel mit Preiselbeeren,
Mandelrand und Melonenkugel,
daneben gefüllter Apfel mit Cocktailkirschen und Angelikarauten, darunter gefüllter Apfel mit Maronenmus
(siehe Rezeptteil), Pistazien und
Marone

Pochierte Apfelscheiben mit
Pistazienrand, Melonenkugeln und
Cocktailkirsche. In der Mitte mit
Kiwischeibe und Kurpflaume, links
mit Maronenmus (siehe Rezeptteil),
Mandelsplittern und Erdbeere

Apfelspalten mit halbierten Scheiben von Kiwis, Kurpflaumen und
Erdbeerstückchen

STEIN- UND KERNOBST

BIRNEN SCHÄLEN

Birnen werden mit dem Sparschäler vom Stiel zur Blüte geschält. Das Kerngehäuse wird entfernt wie beim Apfel.

GEDÜNSTETE BIRNE ZUM FÜLLEN

Die Birne schälen und halbieren. Das Kerngehäuse mit einem Kugelausstecher herausheben und die Birnenhälften in Weißwein zusammen mit Zucker, Zimtstange, Nelken und Zitronenschale pochieren. Je nach Dauer der Pochierzeit wird die Birne entweder ziemlich weich oder hat noch „Biß".
Die Birnenhälften im Weißweinfond erkalten lassen und vor dem Füllen an der Unterseite etwas abflachen, damit sie besser stehen.

IGEL

Das Obst schälen und halbieren oder Dosenfrüchte verwenden. Das Kerngehäuse mit einem Kugelausstecher entfernen. Die Hälften außen mit gerösteten Mandelstiften spicken. Die Mandelstifte vorher im Backofen bei 180°C goldbraun rösten.

PFIRSICHE SCHÄLEN

Den Pfirsich etwa eine halbe Minute in kochendes Wasser legen und anschließend in kaltem Wasser abschrecken. Die Frucht etwa 3 Minuten im kalten Wasser lassen, herausheben und die Schale mit einem spitzen Messer ablösen.

Schälen

Kerngehäuse entfernen

Unterseite abflachen

Igel

Schälen

Stein entfernen

Birnenhälfte mit Maronenmus (siehe Rezeptteil), Angelikaraute, Preiselbeeren und Marone.

PFIRSICHSTEINE ENTFERNEN

Den Pfirsich rundherum von der Stielseite her einschneiden und durch Verdrehen der beiden Hälften die Frucht vom Stein lösen.

PFIRSICHSTÜCKE

Die Pfirsichhälften parallel zur Schnittfläche in ganze Scheiben und senkrecht zur Schnittfläche in halbe Scheiben zerteilen. Durch drei diagonale Schnitte erhält man sechs Pfirsichecken.

Birnenigel

Kannelierte Blutorangenscheibe mit Pfirsichhälfte, Erdbeeren und Melonenkugel

Birnenspalten mit Erdbeere und Pistazien

Pfirsichigel
Die Pfirsichhälften werden genau wie beim Birnenigel mit gerösteten, gestiftelten Mandeln gespickt. Hierfür können auch Pfirsichhälften aus der Dose verwendet werden

Pfirsichecken mit Cocktailkirschen

39

Exotische Früchte

Ananas

Ananas sind das ganze Jahr über erhältlich und werden frisch – wegen ihrer vielseitigen Verwendungsmöglichkeiten – als Tischdekoration geschätzt.
Die Reife der Ananas erkennt man an der Farbe der Schale: Wenn diese vom anfänglichen Hellorange über Dunkelorange in ein kupfriges Rot umgeschlagen ist, ist die Frucht reif.

Die richtige Lagerung

Die Ananas ist empfindlich: Sie verträgt keine Kälte (18° C ist die richtige Lagertemperatur) und keinen Druck. Wenn man einen starken Zwirnsfaden unterhalb vom grünen Schopf der Frucht befestigt und die Ananas aufhängt, läßt sich das Druckproblem lösen.

Banane

Die Banane ist eine süße tropische Frucht, die meist roh gegessen wird. Bananen können aber auch gekocht, gebraten und flambiert werden.
Für die warme Küche sollten immer gerade eben reife Bananen verarbeitet werden; zum Rohessen eignen sich vollreife Früchte mit kleinen dunklen Pünktchen auf der Schale am besten.
Bananen sollten bei Zimmertemperatur gelagert werden. Am besten ist es, sie nicht zu dicht in einer Obstschale zu stapeln. Im Kühlschrank wird der Reifeprozeß unterbrochen, die Früchte schmecken bitter.
Wenn Bananen als Garnierung verwendet werden, sollten die geschälten Früchte und eventuelle Schnittflächen mit Zitronensaft beträufelt werden, damit sie sich nicht braun verfärben.

Kiwi

Kiwis sind etwa eigroß und haben eine bräunlich-grüne, haarige Schale, die nicht mitgegessen werden kann. Das Fruchtfleisch der Kiwis ist leuchtendgrün, innen etwas heller und durchsetzt mit einem Kranz schwarzer Kernchen. Es schmeckt säuerlich aromatisch, erfrischend und erinnert ein wenig an Stachelbeere und Melone.
Wegen ihrer frischen Farbe und dem dekorativen Aussehen ist die Kiwi zum Garnieren und Verzieren gut geeignet. Darüber hinaus hält sie sich lange.
Frische Kiwis gibt es das ganze Jahr über zu kaufen. Reife Kiwis geben auf Fingerdruck leicht nach. Sie halten sich auch noch gut zwei bis drei Wochen, wenn sie im Gemüsefach des Kühlschranks aufbewahrt werden.

MELONE

Melonen gibt es in verschiedenen Sorten – hier eine kleine
Auswahl:

<u>Honigmelone</u>: Sie hat eine ovale
Form und eine zitronengelbe
Schale. Ihr Fruchtfleisch ist sehr
süß.

<u>Cantaloupe-Melone</u>: Sie ist sehr
süß und hat ein hellorangefarbe-
nes Fruchtfleisch.

<u>Charentais-Melone</u>: Ihr Frucht-
fleisch ist aprikosenfarben und
ebenfalls sehr süß.

<u>Ogen-Melone</u>: Die Ogen-Melone
ist relativ klein, hat eine grün-
gelb gefärbte Schale und sehr
aromatisches grünlich-weißes
Fruchtfleisch.

WAS IST BEIM KAUF ZU BEACHTEN?

Der Reifegrad einer Melone läßt
sich nicht an der Schalenfarbe,
sondern nur durch Geruch und
Druck feststellen. Reife Melonen
duften nach Ananas und Mo-
schus. Gleichzeitig müssen sie
am Blütenansatz auf leichten
Druck nachgeben.
Melonen sollte man im Gemüsefach des Kühlschranks aufbewahren. Dort halten sie sich länger, und außerdem schmecken
die Früchte gut gekühlt am
besten.

ARBEITSGERÄTE

Messer mittlerer Größe nimmt
man zum Schälen und Schneiden.
Der Ausstecher dient zum Entfernen des Innenstrunks der
Ananas.
Mit dem gebogenen Grapefruitmesser kann man das Fruchtfleisch von der Schale der ge-
viertelten Ananas lösen.
Der Kugelausstecher wird zum
Ausstechen von Melonenfruchtfleisch benötigt.
Mit einem Buntmesser können
Melonenstücke dekorativ zurechtgeschnitten werden.

Exotische Früchte

Ananas schälen

Den Strunk der gut abgewaschenen Ananas mit einem scharfen Messer abtrennen. Von der Staudenseite aus etwa 1,5 cm starke Streifen rund um die Ananas zur Strunkseite hin abschneiden.
Die kleinen schwarzen Außenstrünke durch keilförmige Schnitte im Wendeltreppenmuster herausschneiden.

Ananas in Portionsstücken

Die Ananas der Länge nach in vier oder sechs Teile schneiden. Den Strunk mit einem Längsschnitt entfernen.
Das Fruchtfleisch mit einem Messer von der Schale lösen und in sechs bis acht Stückchen schneiden.

Portionsscheiben

Die ganze Ananas waschen und von der Stielseite her in etwa 1,5 bis 2 cm dicke Scheiben schneiden.
Zum Ausstechen des harten Innenstrunks einen kleinen glatten, runden Ausstecher von ungefähr 2 bis 2,5 cm Durchmesser verwenden.
Für die Außenseite der Scheibe die Größe des Ausstechers so wählen, daß am Rand noch etwa 1,5 cm Schale übrigbleibt. Darin stecken die schwarzen Außenstrünke.

Garnierte Scheiben

Die Ananasscheibe in der Mitte oder am Rand mit Beeren, Kirschen, Spargelspitzen oder einer Creme verzieren.

Schälen

Außenstrünke
entfernen

Portionsstücke
schneiden

Strunk ausstechen

Aus-
stechen

Ananasscheibe und
-stücke

Ananasboot

Die Ananas der Länge nach in acht gleich große Ecken zerschneiden. Damit diese Ecken besser stehen, an der Schalenseite eine kleine Scheibe abschneiden.
An der spitzen Seite des Schiffchens etwa 2 cm abschneiden, um den harten Strunk der Ananas zu entfernen.
Nun mit einem scharfen Messer etwa 2 cm oberhalb der Schale das Fruchtfleisch ablösen.
Das Fruchtfleisch in mundgerechte Stücke zerschneiden und diese gegeneinander versetzt wieder auf die Schale setzen. Mit Cocktailkirschen oder Melonenkugeln verzieren.

Halbierte Scheiben

Zwei halbe Ananasscheiben mit der äußeren Rundung gegeneinanderlegen. Zwei Hälften s-förmig anordnen.

Geviertelte Scheiben

Eine Ananasscheibe vierteln und die einzelnen Stücke hintereinander anordnen. Die Viertel lassen sich weiter teilen.

Ananasboot mit Cocktail-
kirsche und Melonen-
kugeln

Ananasscheibe mit Maronenmus
(siehe Rezeptteil), Angelikarauten,

einer Scheibe von schwarzer Nuβ
und Marone

Hälften mit Erdbeere
und Angelikaschei-
ben, daneben Hälften
mit Trüffelhalbmon-
den in Schlangenlinie

Scheibe mit Spargel, Tomatenspitzen und halbierter schwarzer Nuβ,
daneben Feigenigel auf Ananasvierteln, Achtel mit Angelikarauten
und halben Cocktailkirschen

EXOTISCHE FRÜCHTE

ANANASSCHEIBE MIT MANDELN PANIERT

Eine Ananasscheibe in Mehl wenden, mit Ei und gehobelten Mandeln panieren und in der Bratpfanne braten oder in der Friteuse ausbacken.

ANANASSCHEIBE MIT FEIGENIGEL

Die Ananasscheibe in einer sehr heißen Pfanne scharf anbraten. Der Zucker in der Ananas karamelisiert, und dadurch ergibt sich ein dekoratives Streifenmuster.
Eine halbe dunkle Feige auf die Ananas legen. Die Feige mit gerösteten, gestiftelten Mandelsplittern spicken. Mit Angelikarauten verzieren.

ANANASSCHEIBE MIT KOKOSFLOCKEN PANIERT

Eine Ananasscheibe in Mehl wenden, mit Ei und Kokosflocken panieren und im schwimmenden Fett braun ausbacken. Zwei Mandarinenspalten auf die Ananas legen und zusätzlich mit einer Erdbeere und einer Pistazie verzieren.

GEFÜLLTE ANANAS

Einen „Deckel" von der ganzen Frucht abschneiden (der Länge nach geschnitten ist besser, da sich das Fruchtfleisch später gut herauslösen läßt).
Anschließend mit einem scharfen Messer eine 2 cm breite Randkontur einschneiden und das Fruchtfleisch mit dem gebogenen Grapefruitmesser oder einem Löffel herauslösen.
Den Deckel seitlich gekippt als Garnitur anlegen. Falls der Deckel nicht hält, wird er mit einem Garniturspieß festgesteckt.
Hinweis: Soll die Ananas schräg aufgestellt werden, flacht man sie an der Unterseite mit dem Messer etwas ab und legt als Stütze einen zurechtgeschnittenen Apfel darunter. Dazu schneidet man aus dem Apfel einen Keil, der an einer Seite 2 cm und an der anderen Seite etwa 4 cm hoch ist.

Abstützen mit zurechtgeschnittenem Apfel

Schneiden

Aushöhlen

Mit Mandeln panierte Ananasscheibe mit Kurpflaume und Marone, daneben gebackene Ananasscheibe mit Feigenigel und Angelikarauten. Rechts: In Kokosraspeln gebackene Ananasscheibe mit Mandarinenspalten, Erdbeere und Pistazie

Längs halbierte Ananas, gefüllt mit
Obstsalat. Unten: quer halbierte
Ananas mit gefülltem Poulardenbrüstchen (aus dem Feinkostgeschäft), Kiwischeiben, Melonenkugeln und Cocktailkirsche mit Stiel

Exotische Früchte

Runde Bananenscheiben

Die Banane schälen und in gleich große Scheiben zerschneiden. Die Scheiben hintereinander, im Kreis oder in Kleeblattform anordnen.

Ovale Bananenscheiben

Die geschälte Banane schräg in Scheiben schneiden. Diese Scheiben werden größer als die runden und können auch fächerförmig angeordnet werden.

Bananenboot

Die Bananenschale mit einem spitzen, scharfen Messer etwa 3 mm tief einritzen und nach hinten aufrollen. Die Schale mit einem Spieß fixieren und auf diesen eine Erdbeere oder getrocknete Kurpflaume stecken. Als Füllung eine Banane in Scheiben schneiden und mit dunklen Früchten kombinieren.
Hinweis: Garnituren aus Banane sollten erst kurz vor dem Anrichten zubereitet werden, da sich das Fruchtfleisch nach kurzer Zeit dunkel verfärbt. Auch das Beträufeln mit Zitronensaft schafft nur für kurze Zeit Abhilfe.

Kiwischeiben

Kiwis können längs oder quer in Scheiben geschnitten werden. Die Kiwi schälen und in gleichmäßige Scheiben schneiden. Diese Scheiben dekorativ hintereinander legen, so daß sie sich etwas überlappen.
Die Scheiben können auch in Kreisform angeordnet werden. Die Mitte des Kreises mit einer Tomatenrose (siehe Seite 67) verzieren.

Kiwikrone

Die Kiwi mit einem spitzen Messer rundherum bis zur Mitte der Frucht zickzackförmig einstechen. Die beiden Hälften vorsichtig voneinander lösen und an der Unterseite etwas abflachen.
Hinweis: Kiwifrüchte können geschält und ungeschält als Garnitur verwendet werden. Ungeschälte Kiwis müssen ausgelöffelt werden. Deshalb bei Verwendung ungeschälter Kiwigarnituren immer Dessertlöffel bereitlegen.

Runde und ovale Scheiben

Bananenboot

Kiwischeiben

Kiwikrone

Bananenscheiben mit Pistazien. Daneben: Bananenblume mit Cocktailkirsche. Ganz rechts: Kiwikrone auf ausgestochener Mangoscheibe mit Preiselbeersahne, (siehe Rezeptteil), Mandel und Cocktailkirsche

Ovale Bananenscheiben mit Erdbeere

Bananenboot mit Obstsalat. Rechts davon dachziegelartig gelegte Kiwi-scheiben. Links: Kiwihälfte mit Preiselbeersahne (siehe Rezeptteil), Mandarinenspalten und Walnuß. In der Mitte: Bananenscheiben und Kiwikrone mit Preiselbeersahne und halben Trauben

EXOTISCHE FRÜCHTE

MELONENSTÜCKE

Die Melone der Länge nach in sechs oder acht Teile schneiden. Das Kerngehäuse mit einem Eßlöffel herausnehmen und das Fruchtfleisch mit dem gebogenen Grapefruitmesser von der Schale lösen.
Das Fruchtfleisch mit dem gezackten Buntmesser in mundgerechte Stücke zerteilen. Die Schnitte dabei schräg oder gerade ansetzen.

GEFÜLLTE MELONE MIT DECKEL

Die Oberseite der gewaschenen Melone im Verhältnis ein Drittel zu zwei Drittel abschneiden. Die Kerne mit einem Eßlöffel herausnehmen.
Die untere Melonenhälfte an der Unterseite etwas abflachen, damit sie besser steht.
Die ausgehöhlte Melone anschließend nach Belieben füllen. Melonen kann man mit Erdbeeren in Portweinschaum, Orangenfilets mit Mandelsplittern, Ananas mit Brombeeren oder jedem anderen Obstsalat füllen. Den Deckel der Melone nach dem Füllen mit einem Garniturspieß feststecken.

GEFÜLLTE MELONE MIT KUGELRAND

Die Melone halbieren und die Kerne mit einem Eßlöffel herausnehmen. Die Fruchthälften an der Unterseite jeder Hälfte etwas abflachen, damit sie besser stehen.
An der Innenseite der Melone mit einem Kugelausstecher acht Kugeln ausstechen und diese gleichmäßig auf den oberen Rand der Hälfte setzen.
Die Melone mit der gewünschten Füllung versehen.

MELONENKRONE

Die Melone mit einem spitzen Messer rundherum bis zur Mitte im Zickzackmuster einstechen. Die Melonenhälften mit einer leichten Drehung voneinander lösen. Die Kerne mit einem Eßlöffel herausnehmen.

MELONE MIT GELEEFÜLLUNG

Eine kleinere Melone halbieren und das Kerngehäuse mit einem Eßlöffel herauslösen.
Die Melonenhälfte auf ein Glas setzen und mit Johannisbeergelee füllen (siehe Rezeptteil).
In den Kühlschrank stellen und nach Festwerden in Garniturscheiben schneiden.

Entkernen

Von der Schale lösen

Portionsstücke schneiden

Entkernen

Kugeln ausstechen

Melone mit Johannisbeergelee (siehe Rezeptteil)

Melonenkrone

Melone mit Kugelrand, gefüllt mit
Obstsalat von exotischen Früchten,
daneben Melonenkrone und Erdbeeren. Darunter: Scheiben von
Geleemelonen

Melonenboot mit
Cocktailkirsche und
Mandarinenspalte.
Rechts: Melone, gefüllt
mit Waldorfsalat,
Orangenfilets, Walnuß
und Cocktailkirsche.
Den Garniturspieß zie-
ren Kirschtomaten.
Die Dekoration steht
auf einer Melonen-
scheibe mit ausgesto-
chenen Tomaten-
stückchen.

49

KNOLLEN UND WURZELGEMÜSE

KARTOFFEL

Zur Zeit gibt es etwa 100 Kartoffelsorten, die sich im Aussehen, im Geschmack und in den Kocheigenschaften zum Teil deutlich voneinander unterscheiden. Aus diesem Grund werden die Sorten entsprechend ihrer Kocheigenschaften in drei Klassen eingeteilt:

Festkochende Sorten: Hansa, Nicola und Siglinde; sie eignen sich für Salate und Bratkartoffeln.

Vorwiegend festkochende Sorten: Bintje, Grata, Granola; sie sind besonders gut als Salz- und Pellkartoffeln zu verwenden.

Mehlig festkochende Sorten: Datura, Irmgard; diese eignen sich vor allem für Püree und Klöße.

DIE RICHTIGE LAGERUNG

Kartoffeln müssen immer kühl, dunkel und luftig lagern – am besten natürlich im Keller. Die Kartoffeln sollten dort auf Lattenrosten aufbewahrt werden. Die Knollen müssen festschalig, trocken und einwandfrei sein – schadhafte Kartoffeln in jedem Fall aussortieren und den Bestand regelmäßig kontrollieren. Wer keinen entsprechenden Keller zur Verfügung hat, sollte trotzdem auf eine dunkle und trockene Lagermöglichkeit achten.

Hinweis: Kartoffeln, die der Handel in Plastikverpackung anbietet, sollten zu Hause unbedingt aus der Plastikhülle herausgenommen werden, da diese Verpackung den Knollen nicht bekommt.

SELLERIE

Sellerie wird fast das ganze Jahr über angeboten. Hauptsaison ist von Oktober bis April.
Frische Knollen sind hart und ohne dunkle Stellen. Klingt die Knolle beim Klopfen hohl und ist zudem verhältnismäßig leicht, ist sie alt und innen schwammig. Vor der Verwendung muß die Knolle unter fließendem Wasser abgebürstet werden; Wurzeln und Grün dabei entfernen. Geschnittener Sellerie verfärbt sich leicht. Zitronensaft im Kochwasser kann das verhindern. Ganze Sellerieknollen halten sich im Gemüsefach des Kühlschranks etwa eine Woche.

KAROTTE, MÖHRE

Frische Möhren sind das ganze
Jahr hindurch erhältlich. Am
reichhaltigsten und preiswerte-
sten ist das Angebot jedoch im
Herbst.
Möhren werden meist als Bund-
möhren verkauft – mit Grün. Das
Gemüse bleibt frischer, wenn
das Grün erst kurz vor dem Verbrauch entfernt wird.
Möhren sollten kühl und trocken
gelagert werden.

MÖHREN PUTZEN

Junge Möhren brauchen nur mit
einer harten Bürste abge-
schrubbt zu werden. Ältere
Möhren sollten mit einem Sparschäler dünn geschält werden.

RADIESCHEN UND RETTICH

Radieschen und Rettiche bietet
der Handel das ganze Jahr über
an. Bei Rettichen findet man
schwarz- und weißschalige Arten, die sich in Form und Größe
voneinander unterscheiden. Das
rote Radieschen ist die Zwerg-
form des Rettichs. Im Frühling
sind die Radieschen übrigens
weniger scharf.
Man sollte beim Einkauf immer
darauf achten, daß die Radieschen fest und nicht schwammig
oder aufgeplatzt sind.

ARBEITSGERÄTE

Spritzbeutel für Formen aus Kartoffelteig; Spiralen, Oliven-,
Kugel- und sonstige Ausstecher
für Karotten und Sellerie.
Die Messer werden für dekoratives Zuschneiden benötigt.

51

KNOLLEN UND WURZELGEMÜSE

KARTOFFELTEIG FÜR DEKORATIONEN

Die Kartoffeln schälen, kochen und durch die Kartoffelpresse drücken. Falls die gekochten Kartoffeln zu feucht sind, diese im Backofen bei 160°C auf dem Backblech ausdämpfen.
Die durchgepreßten (pürierten) Kartoffeln mit Eigelb vermischen (pro Kilogramm Kartoffeln drei Eidotter) und mit Salz und etwas geriebener Muskatnuß würzen. Die Kartoffelmasse zu etwa 2,5 cm dicken Würsten rollen, diese auf ein mit Mehl bestäubtes Tablett geben oder mit einem Spritzbeutel ohne Tülle aufspritzen.
Die aufgespritzte Kartoffelmasse mit etwas Mehl einstäuben und die Würste auf die gewünschte Größe zuschneiden (für Kroketten, Bällchen, Birne oder Plätzchen).

Zutaten für den Kartoffelteig

Panieren

Panieren mit Mandeln

Verschiedene Kartoffelformen

FRITIERTE FORMEN AUS KARTOFFELTEIG

KROKETTEN

Die aufgespritzte Kartoffelmasse in etwa 5 cm lange Zylinder schneiden, diese mit Mehl bestäuben und in Ei und Paniermehl panieren. In der Friteuse bei 170–180°C backen.

KARTOFFELBÄLLCHEN

Die aufgespritzte Kartoffelmasse in 2,5 bis 3 cm lange Stücke schneiden und diese zu Kugeln rollen. Mit Ei und Paniermehl panieren. In der Friteuse bei 170–180°C backen.

MANDELBÄLLCHEN

Diese ebenso wie die Kartoffelbällchen vorbereiten. Statt mit Mehl werden die Mandelbällchen mit Ei und gehobelten Mandeln paniert und in der Friteuse bei 170–180°C gebacken.

KARTOFFELBIRNE

Etwa 80 bis 100 g Kartoffelmasse zwischen den Händen birnenförmig rollen und mit Ei sowie Paniermehl panieren.

Als Stiel dient ein Stück Spaghetti. Als Blatt kann seitlich ein Lorbeerblatt eingesteckt werden. In der Friteuse bei 170 bis 180°C backen.

BETHMÄNNCHEN-KARTOFFEL

Die Kartoffelmasse zu Bällchen formen. Die Bällchen mit verquirltem Eigelb bestreichen und je drei geschälte halbe Mandeln daraufdrücken. In der Friteuse bei 170–180°C backen.

Oben: Kartoffelbällchen und Kartof-
felbirne. Darunter: Mandelbällchen
und Bethmännchen-Kartoffeln.
Rechts: Kartoffelkroketten

KNOLLEN UND WURZELGEMÜSE

GEBRATENE FORMEN AUS KARTOFFELTEIG

KÄSEPLÄTZCHEN

500 g fertige Kartoffelmasse je nach Geschmack mit etwa 50 g geriebenem Emmentaler Käse oder geriebenem Parmesan Käse vermischen.

Aus der Masse Rollen von etwa 5 cm Durchmesser formen und diese nach dem Abkühlen in 1,5 bis 2 cm dicke Scheiben schneiden. Die Scheiben mit Mehl einstäuben und leicht nachformen. Die Scheiben anschließend in einer nicht zu heißen Pfanne goldbraun braten.

Als Krone obenauf mit einem Eßlöffel in Butter gebräunte Zwiebelwürfelchen häufen und gehackte Petersilie darüberstreuen. Mit dem Messerrücken kann vor dem Braten noch ein rautenförmiges Muster eingedrückt werden.

KARTOFFELPLÄTZCHEN MIT SPECK

Etwa 50 g Speck sowie 50 g Zwiebeln fein würfeln.

Die Speckwürfelchen zuerst in der Pfanne anbraten und dann die Zwiebelwürfel hinzufügen und glasig braten.

Diese Mischung unter 500 g Kartoffelmasse rühren und etwas frisch gehackte Petersilie hinzufügen.

Die Kartoffelmasse zu Rollen von etwa 5 cm Durchmesser formen und nach dem Abkühlen in 1,5 bis 2 cm dicke Scheiben schneiden. Die Scheiben mit etwas Mehl einstäuben und leicht nachformen.

Mit dem Messerrücken ein Muster eindrücken und die Kartoffelplätzchen in einer nicht zu heißen Pfanne goldbraun braten.

KARTOFFELWÜRSTCHEN

Etwa 60 g Kartoffelmasse zu einer Kugel rollen. Die Kugel mit etwas Mehl bestäuben und zu Würstchen ausrollen. Diese abflachen und in einer nicht zu heißen Pfanne goldbraun braten.

GEBACKENE FORMEN AUS KARTOFFELTEIG

KÄSEKÖPFCHEN

Die Kartoffelmasse mit Speck und Zwiebeln oder Schinkenwürfelchen oder Petersilie und Zwiebeln vermischen. Die Masse auf eine Arbeitsfläche spritzen und zu 3,5 cm starken Kugeln rollen. Diese leicht flachdrücken und mit verquirltem Eigelb bestreichen.

Geriebenen Emmentaler und geriebenen Parmesan im Verhältnis 1:1 mischen und auf die Kugeln streuen.

Ein Backblech einfetten und mit Mehl bestäuben. Die Käseköpfchen daraufsetzen und im Backofen bei 200°C goldbraun backen.

HERZOGINKARTOFFEL

Die Kartoffelmasse mit einem Spritzbeutel mit Sterntülle 10 türmchenförmig auf ein mit Butter eingefettetes und mit Mehl bestäubtes Backblech spritzen. Mit einem Pinsel flüssige Butter oder Eigelb auf die Spitze streichen.

Die Herzoginkartoffel im Backofen bei 180–200°C goldbraun backen.

KARTOFFEL IN FÖRMCHEN

ANNAKARTOFFELN

Ein rundes oder ovales Förmchen, das sich nach unten hin verjüngt, mit Butterschmalz auspinseln und mit etwa 2,5 bis 3 mm dicken Kartoffelscheiben auslegen.

Damit ein schönes Muster entsteht, sollten Kartoffeln verwendet werden, die im Durchmesser so groß sind, wie der Förmchenrand hoch ist. Die Kartoffeln kann man mit einem Ausstecher auf die richtige Größe bringen. Die Kartoffelscheiben mit Salz und Pfeffer würzen, leicht an den Förmchenrand andrücken und Butterschmalz einfüllen. Die gefüllten Förmchen auf ein Backblech setzen und bei etwa 200°C im Backofen backen.

Zur Probe, ob die Kartoffeln gar sind, am Rand einer Kartoffelscheibe versuchen, sie zu zerdrücken. Läßt sie sich mehlig zerfallend leicht zerdrücken, sind die Kartoffeln gar.

Die Förmchen mit Schwung auf ein Gitter stürzen und das überflüssige Butterschmalz ablaufen lassen.

Ausgelegte Kartoffelförmchen

Gespritze Kartoffelmasse

Oben links: Annakartoffeln, daneben Herzoginkartoffeln.
Darunter: Käseköpfchen und Kartoffelwürstchen. Unten
links: Käseplätzchen. Daneben: Kartoffelplätzchen mit
Speck

KNOLLEN UND WURZELGEMÜSE

GARNIERUNGEN MIT GANZEN WURZELN UND KNOLLEN

KAROTTE

Eine kleine Karotte mit Kraut waschen und schälen. Das Kraut etwa 4 cm stehenlassen.
Die schwarzen Stellen mit der Messerspitze auskratzen und den Ansatz des Krauts sauber ausputzen.

RADIESCHEN

Die Radieschen gut waschen und die Wurzel abschneiden. Die äußeren Blätter entfernen und nur die schönsten Innenblätter stehenlassen.
Hinweis: Im Krautstrunk bleibt gerne Sand sitzen. Diesen mit der Messerspitze ausschaben.

RETTICH

Einen kleinen Rettich putzen und die schönen Blätter stehenlassen. Den Rettich waschen und mit dem Sparschäler gleichmäßig schälen. Den Rettich in kaltes Wasser legen, damit er nicht welk wird.

RADIESCHENBLÜTEN

Rose: rundherum 5 Blätter einschneiden. dabei jeweils 5 kleinere Blättchen dazwischenschneiden. Die Wurzel kreisförmig abschneiden.
Blüte: rundherum im Abstand von etwa 3 mm Blättchen von oben nach unten einschneiden.
Knospe: das Radieschen 4mal längs und 6mal quer bis über die Mitte einschneiden.
Margeritte: rundherum mit 12 Schnitten das Radieschen bis kurz vor dem Stielansatz einritzen. Die Blätter mit der Messerspitze von der weißen Innenseite abschälen, so daß die unteren Enden stehenbleiben.
Blütenkrone: das Radieschen von der Mitte aus mit einem kleinen spitzen Messer zickzackförmig durchstechen. Die Hälften lassen sich leicht voneinander lösen.

Seerose: mit dem Kanneliermesser 8 Kerben von oben nach unten einschneiden.
Fächer: das Radieschen von oben mit 6 geraden Schnitten einschneiden. Jeweils eine Radieschenscheibe in die Zwischenräume stellen.
Hinweis: Die eingeschnittenen Radieschen in kaltes Wasser legen – am besten mit Eiswürfeln –, so entfalten sich die „Blüten" richtig.

RADIESCHENBLUME

Ein kleines Radieschen in Scheiben schneiden und diese kreisförmig zu einer Blüte legen.
In die Mitte der Blüte eine ausgestochene Karotte legen.
Als Stiel und Blätter ausgeschnittene Gurkenschalen oder gedünstete Lauchblätter verwenden.

Rose
Knospe
Blütenkrone
Blüte
Margeritte
Seerose
Fächer

Rose

Blüte

Margeritte

Knospe

Blütenkrone

Seerose

Radieschenblume

Oben: Rettich, Radieschen und Karotte mit Grün.
Darunter verschiedene Radieschendekorationen

Fächer

KNOLLEN UND WURZELGEMÜSE

AUSGESTOCHENE FORMEN

KUGELN

Die Karotte oder die Sellerie-knolle waschen und schälen. Den Oliven- oder Kugelausste-cher auf das Gemüse drücken und unter gleichmäßigem Druck um seine Achse drehen. Die ausgestochenen Kugeln so lan-ge in Salzwasser kochen, daß sie noch „Biß" haben.

STERNE UND BLÜTEN

Die gekochte Karotte oder den Sellerie in Scheiben schneiden, mit verschiedenen Ausstechfor-men (Stern, Halbmond, Rosette, Herz) ausstechen und anordnen.

KANNELIERTE FORMEN

Hierfür schöne Karotten aus-wählen und kochen. Die Karot-ten der Länge nach mit dem Kanneliermesser einkerben und anschließend in Scheiben schneiden. Diese ganz lassen oder halbieren und hinterein-anderlegen.

TOURNIERTE FORMEN

Eine dicke Karotte oder eine Sellerieknolle waschen und schälen. Da geschälter Sellerie mit der Zeit braun wird, sollte er mit Zitronensaft oder Essig be-träufelt werden.

DREIECKE

Die geschälte und gewaschene Karotte kochen und der Länge nach halbieren. Mit dem ab-wechselnd nach links und rechts schräg angesetzten Messer die Karotte in Ecken schneiden. Die Dreiecke als Randgarnitur hintereinanderlegen.

SCHIFFCHEN

Die Karotte in 4 bis 4,5 cm lange Zylinder schneiden. Diese der Länge nach vierteln.

Ausgestochene Sterne und Blüten

Kannelieren

Tournierte Schiffchen und Dreiecke

Oliven- und kugelförmige Dekorationselemente

Ausgestochene Formen

ELLIPSE

Die Karotte oder den Sellerie in 4 bis 4,5 cm lange Zylinder bzw. Blöcke schneiden, die etwa 3 cm dick sind.

Danach acht gleichmäßige Schnitte von Pol zu Pol anlegen. Zuerst werden halbmondförmige Schnitte an der vorderen und hinteren Seite des Blocks angesetzt, dann an der linken und rechten Seite. Die nächsten vier halbmondförmigen Schnitte werden jeweils an den vier Ecken des Blocks angesetzt.

Tournierte Ellipse

Tournierte und ausgestochene Formen als Einzelmotive angeordnet.

Ausgestochene, kannelierte und tournierte Formen in Reihen

59

KNOLLEN UND WURZELGEMÜSE

RETTICH ZUM FÜLLEN

Den Rettich putzen und die schönen Blätter stehenlassen. Dann den Rettich schälen und mit dem Messer eine ovale Kontur für die Öffnung einschneiden. Das Oval mit dem Kugelausstecher aushöhlen.

Die Rettichkugeln zusammen mit Radieschen und Cornichons für die Garnitur verwenden. Den Rettich an der Unterseite etwas abflachen, damit er besser steht.

KAROTTENSPIRALE

Das spezielle Schneidegerät in eine gekochte und quer halbierte Karotte drehen. Je weiter gedreht wird, desto länger wird die Spirale.

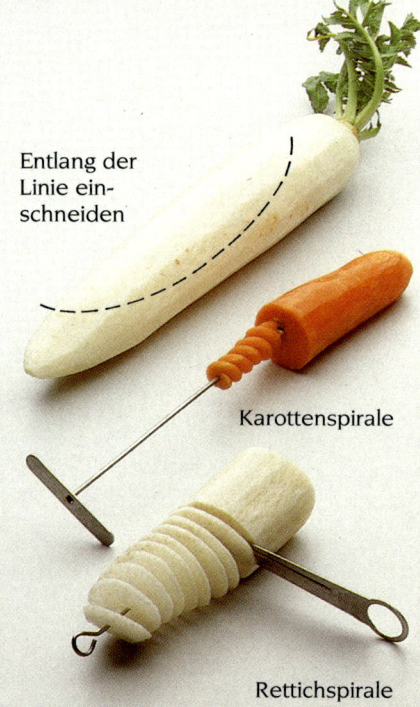

Entlang der Linie einschneiden

Karottenspirale

Rettichspirale

RETTICHSPIRALE

Den Rettich waschen und schälen. Die Wurzeln oben und unten gerade abschneiden.

Zum Schneiden einen korkenzieherähnlichen Rettichschneider verwenden. Den Dorn des Rettichschneiders in die obere abgeschnittene Fläche des Rettichs eindrücken.

Durch gleichmäßiges Drehen eine saubere Spirale herausschneiden.

Hinweis: Die Rettichspirale geht schön auseinander, wenn sie eine Zeitlang in kaltes Wasser gelegt wird.

Die Spirale auseinanderziehen und als Girlande legen oder zu einem Kreis schließen.

Rettich mit Cornichons, Maiskölbchen, Oliven, Karottenkugeln, Silberzwiebeln und halbierten Wachteleiern. Darunter: Karottenspirale und Rettichspirale mit Radieschenrose

ZWIEBELN

PERLZWIEBEL

Sie wird auch Silberzwiebel genannt. Perlzwiebeln sind etwa murmelgroß. Der Handel bietet sie meist in Essig eingelegt an.

FRÜHLINGSZWIEBEL

Sie ist weiß, plattrund und hat noch ihr grünes Laub, das mitverwendet werden kann. Die Frühlingszwiebel wird frisch für Garnierungen, für Vorspeisen und Salate verwendet.

GEWÜRZZWIEBEL

Sie ist gelb, läßt sich gut lagern und kann für die meisten Zwiebelgemüse verwendet werden.

SCHALOTTE

Sie ist klein, länglich und gilt als die feinste Zwiebel zum Würzen.

GEMÜSEZWIEBEL

Sie ist etwa apfelgroß, gelb und mild.
Gemüsezwiebeln eignen sich zum Füllen und zum Rohessen.

WEISSE ZWIEBEL

Wegen ihres nicht zu strengen Aromas wird sie gerne für Salate verwendet.

ROTE ZWIEBEL

Sie ist mild, würzig und zum Rohessen gut geeignet.

DIE RICHTIGE LAGERUNG

Beim Einkauf von Zwiebeln sollte man darauf achten, daß sie gut ausgereift, prall und trocken sind. Die Zwiebeln sollen noch nicht „ausgewachsen" sein, also keine grünen Spitzen zeigen; sie dürfen sich nicht weich anfühlen. Zwiebeln werden am besten luftig, in Netzen (nie im Plastikbeutel) sowie an einem kühlen, trockenen Ort aufbewahrt. Man sollte die Zwiebeln auf keinen Fall in den Kühlschrank legen.

ARBEITSGERÄTE

Zwiebeln lassen sich mit einem Küchenmesser in beliebige Formen zurechtschneiden.

ZWIEBELN

ZWIEBELRINGE

Für Zwiebelgarnituren eignet sich am besten die spanische Gemüsezwiebel. Sie wird für Verzierungen roh verarbeitet. Von der geschälten Zwiebel Scheiben abschneiden und diese zu einzelnen Ringen auseinanderdrücken.

Zur Einfärbung die Ringe in Paprikapulver, gehackte Petersilie oder feingeschnittenen Schnittlauch drücken.

Als Garnitur einen roten (Paprika), einen grünen (Petersilie oder Schnittlauch) und einen naturbelassenen Ring hintereinander anordnen.

Hinweis: Falls die Petersilie oder der Schnittlauch schlecht an den Zwiebelringen haftet, sollten die Ringe vorher mit Eiweiß oder aufgelöstem Aspik bepinselt werden.

ZWIEBELBLUME

Je eine große rote Zwiebel und eine Gemüsezwiebel (etwa 8 cm Durchmesser) schälen und von der weißen Gemüsezwiebel eine etwa 1/2 cm dicke Scheibe abschneiden. Den großen Ring herausdrücken.

Die rote Zwiebel der Länge nach vierteln und 5 bis 6 Blätter vom Wurzelstrunk ablösen.

Diese Blätter an der Strunkseite geradeschneiden und an der gegenüberliegenden Spitze eine dreiecksförmige Kerbe einschneiden.

Die vorbereiteten roten Zwiebelblätter rund um den weißen Gemüsezwiebelring legen. Die Blätter dabei etwas übereinanderschieben.

Zuletzt als Innengarnitur Kresse oder Petersilie oder wahlweise Radieschen oder einen tournierten Champignonkopf in die Zwiebelblume legen.

Scheiben schneiden

Ringe herstellen

Ganze Scheibe

Zwiebelkrone

Zwiebelblume

Zwiebelblume mit Kressenestchen und Radieschenrose, daneben Gemüsezwiebelscheiben mit roten Zwiebelstücken und geschnittenen Lauchecken. Rechts davon: Zwiebelkrone mit Radieschenrosen.

Darunter: Zwiebelringe mit Paprika und Kräutern. Unten: Zwiebelschiffchen mit Perlzwiebeln sowie Zwiebelkrone mit Gemüsekugeln

FRUCHTGEMÜSE

TOMATE

Tomaten sind ganzjährig erhältlich. Es gibt grüne Tomaten, Eiertomaten, gerippte Fleischtomaten und Kirschtomaten. Darüber hinaus bietet der Handel rote und grüne Tomaten auch in Dosen an.

Einen besonders guten Geschmack haben Tomaten, wenn sie im Freiland in der Sonne ausgereift sind. Sie schmecken aromatischer als Treibhaustomaten.

Hinweis: Tomaten brauchen Wärme, sowohl beim Wachsen und bei der Ernte als auch in der Küche. Tomaten sollten deshalb nicht im Kühlschrank aufbewahrt werden, da dann die Zellen zerfallen. Dabei bilden sich Brandstellen, an denen sich Fäulniserreger festsetzen.

PAPRIKA

Paprikaschoten gibt es süß oder scharf und in verschiedenen Größen sowie Farben. Süße Paprikaschoten eignen sich sehr gut zum Rohessen, sie können aber auch gekocht zubereitet werden. Die scharfen Pfefferschoten oder Chilies dienen fast ausschließlich als Gewürz. Paprika- und Pfefferschoten sind das ganze Jahr über im Handel erhältlich. Sie werden auch als Dosenware angeboten.

AUBERGINE

Auberginen sind das ganze Jahr über erhältlich. Im Sommer werden sie vorwiegend aus Italien und Spanien, im Winter und im Frühling aus Israel und den nordafrikanischen Ländern importiert. Auberginen gibt es in verschiedenen Formen und Größen. Die Früchte können dunkelviolett bis weiß sein. Auberginen schmecken roh überhaupt nicht, sondern entfalten ihr nußartiges Aroma erst nach dem Braten oder Grillen.

Avocado

Avocados werden noch hart geerntet und kommen auch in diesem Zustand in den Handel. Ihr volles Aroma entfalten die Avocados erst, wenn sie reif sind. Das Fruchtfleisch hat dann eine cremige Konsistenz und einen milden, sahnigen Geschmack. Avocados sollten deshalb vor dem Verbrauch einige Tage (etwa zwei bis acht) bei Zimmertemperatur reifen, bevor sie verwendet werden. Wenn man die Früchte in Zeitungspapier einwickelt und an einem warmen Ort lagert, dauert der Reifungsprozeß nur zwei bis drei Tage. Reife Avocados lassen sich übrigens einige Tage im Gemüsefach des Kühlschranks aufbewahren. Eine Avocado ist reif, wenn das Fruchtfleisch einem leichten Fingerdruck nachgibt.

Davon ausgenommen ist die Sorte „Hass", deren Schale besonders hart ist.

Avocados in der Küche

Avocados sind sehr vielseitig: Sie eignen sich als Zutat zu süßen sowie kräftigen Salaten und lassen sich zu pikanten Soßen ebenso verarbeiten wie zu süßen Cremes. Avocados schmekken aber auch „pur" mit etwas Salz, Pfeffer und Zitronensaft gewürzt. Die Früchte sollten erst unmittelbar vor dem Essen aufgeschnitten und dann sofort mit Zitronensaft beträufelt werden, da sich die Schnittstellen sonst bräunlich verfärben.

Hinweis: Wenn man Avocados kocht oder bäckt, wird ihr Geschmack bitter.

Arbeitsgeräte

Mit verschieden großen Messern lassen sich die Fruchtgemüse schälen bzw. in Stücke zerschneiden.
Ausstechförmchen mit verschiedenen Motiven werden für Dekorationen des Paprika verwendet.

FRUCHTGEMÜSE

GARNITUREN MIT KIRSCHTOMATE

Die Kirsch- oder Cocktailtomate wird auf dieselbe Weise abgezogen wie die normal große Tomate. Man kann Kirschtomaten geschält oder ungeschält um ein fertiges Gericht legen oder eine Platte damit dekorieren.

KIRSCHTOMATE MIT WACHTELEI

Eine Kirschtomate halbieren und aushöhlen. Mit einem halben gekochten Wachtelei füllen oder statt des Wachteleis eine halbe Olive verwenden.

TOMATEN SCHÄLEN

Bei einer festen Tomate den Strunk ringförmig heraustrennen. An der Oberseite die Haut kreuzförmig leicht einritzen. Die Tomate etwa 12 bis 14 Sekunden in kochendes Wasser geben, bis sich die Haut löst.
Die Tomate danach sofort vom kochenden ins kalte Wasser geben (abschrecken). Die Schale läßt sich nun leicht abziehen.

Hinweis: Geschälte Tomaten können auch wie ungeschälte Tomaten verarbeitet werden.

TOMATENHÄLFTE ZUM FÜLLEN

Die abgezogene (geschälte) Tomate längs – von der Blüte zum Stiel – halbieren. Das Kerngehäuse mit einem Teelöffel oder dem Kugelausstecher herausnehmen.
Die Tomatenhälfte unten mit dem Messer etwas abflachen, damit sie besser steht. Die Tomatenhälfte je nach Verwendung auf eine dickere Gurkenscheibe setzen.

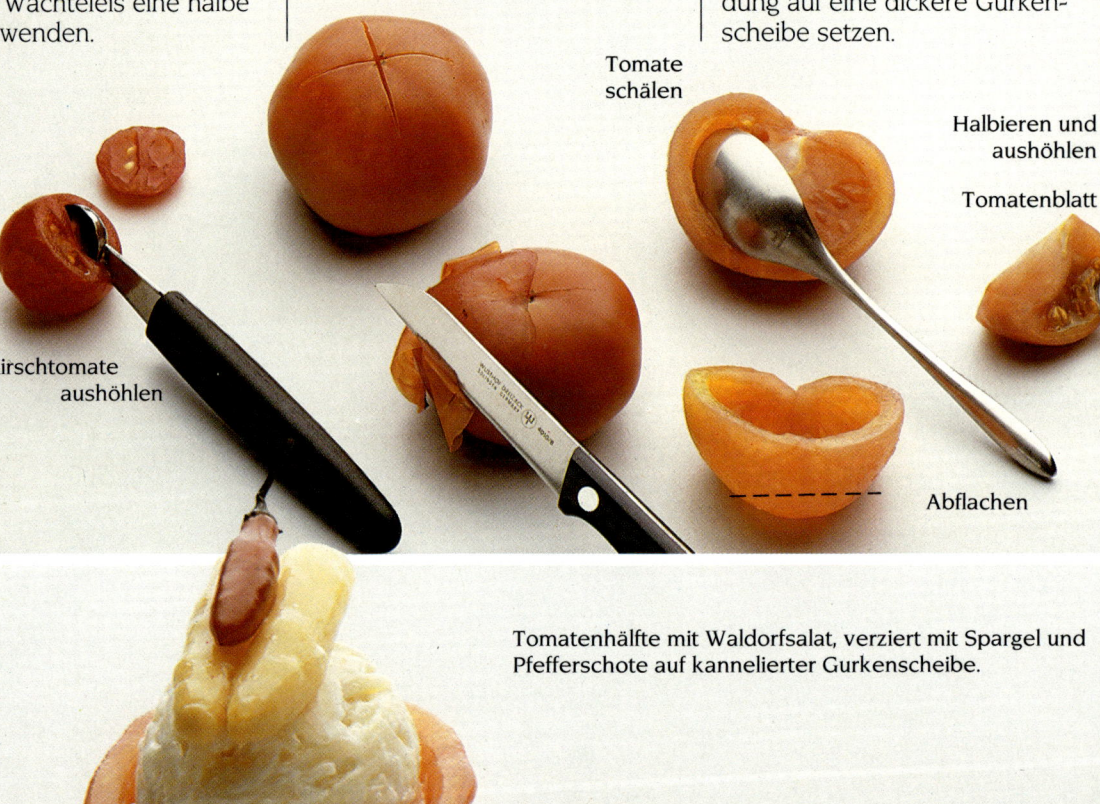

Kirschtomate aushöhlen

Tomate schälen

Halbieren und aushöhlen

Tomatenblatt

Abflachen

Tomatenhälfte mit Waldorfsalat, verziert mit Spargel und Pfefferschote auf kannelierter Gurkenscheibe.

Rechte Seite
Oben: Tomatensechstel mit Radieschenkrone und Wachtelei.
Mitte: Tomatenhälfte, gefüllt mit Silberzwiebeln, Gurkenkugeln, Karottenkugeln und Lauchstreifen auf kannelierter Gurkenscheibe, daneben Tomatenrose auf Kressebett und Zitronenscheibe.
Unten: Tomatenrose auf kannelierter Gurkenscheibe, daneben Kirschtomate mit Wachtelei. Rechts außen: mit Käsecreme und Kapern gefüllte Kirschtomate auf Radieschenkrone.

TOMATENBLATT

Die ungeschälte Tomate in sechs oder acht gleiche Teile schneiden. Von den entstehenden einzelnen Ecken die Kerne und das innere Fruchtfleisch entfernen. Die Tomatenblätter können beliebig angeordnet oder gefüllt werden.

TOMATENROSE

Eine schöne rote Tomate rundherum mit einem scharfen Messer spiralförmig 1,5 bis 2 cm breit schälen. Den entstandenen Streifen zuerst fest dann nach außen hin lockerer aufrollen und als Garnitur verwenden.

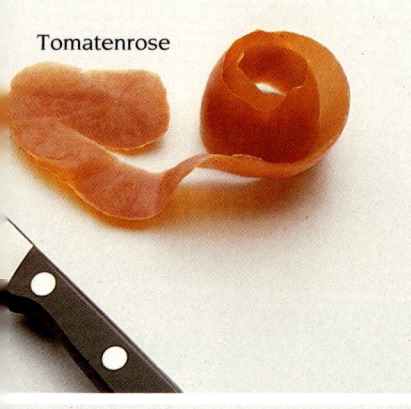

Tomatenrose

FRUCHTGEMÜSE

TOMATENSCHEIBE

Die ungeschälte Tomate quer zur Strunkseite mit einem sehr scharfen Messer in gleich dicke Scheiben schneiden.

TOMATENBLUME

Die ungeschälte Tomate 6- oder 8mal von der Seite einschneiden. Die Zwischenräume mit kannelierten Gurkenscheiben ausfüllen.

TOMATEN-EIER-HALBKUGEL

Die Tomate sowie ein hartgekochtes Ei in sechs gleiche Teile schneiden. Die entstandenen Spalten abwechselnd zu Halbkugeln aneinanderfügen.

FLIEGENPILZ

Die ungeschälte Tomate an der Strunkseite etwas abflachen und an der Blütenseite einen Deckel abschneiden. Die untere Tomatenhälfte aushöhlen und mit Gemüsesalat füllen.
Den Deckel daraufsetzen und mit dem Spritzbeutel und Lochtülle einzelne Tupfen aus Mayonnaise aufspritzen.

TOMATENKORB

Von der ungeschälten Tomate so viel ausschneiden, daß ein Henkel übrigbleibt. Das Innere mit einem Teelöffel oder einem Kugelausstecher aushöhlen. Das Körbchen beliebig füllen.

TOMATENKRONE

Im Zickzackmuster mit einem Messer ringsherum bis zur Mitte in die Tomate einstechen. Die beiden Hälften durch eine leichte Drehung auseinandernehmen. Jede Tomatenhälfte mit dem Messer an der Unterseite etwas abflachen, damit sie besser steht. Je nach Verwendung eine kannelierte Gurkenscheibe daruntersetzen.

Tomatenscheiben

Tomatenspalten

Tomatenkorb

Tomatenkrone

Seitlich einschneiden

Aushöhlen

Tomatenscheiben mit Eischeiben und ausgestochenen Paprikaformen, daneben Tomatenkrone mit Radieschensalat und Eischeibe

Tomatenkorb mit Gemüsekugeln und Kresse auf kannelierter Gurkenscheibe. Daneben: Tomatenblume mit kannelierten Gurkenscheiben und Radieschenrose. Mitte: Tomatensechstel mit Eiern und tourniertem Champignonkopf. Unten: Tomaten-Eier-Halbkugel und Fliegenpilz mit Waldorfsalat (siehe Rezeptteil)

FRUCHTGEMÜSE

DAS VORBEREITEN VON PAPRIKA

Die Paprika waschen und an der Stielseite eine etwas dickere Scheibe abschneiden. Nun können mit einem kleinen Messer die sichtbaren Trennwände mit den Kernen entfernt werden.
So vorbereitet kann die Paprika in Scheiben oder Längsstreifen geschnitten werden, oder die Paprika wird der Länge nach halbiert und mit den verschiedensten Förmchen ausgestochen.

PAPRIKASCHOTE ZUM FÜLLEN

Von der Paprikaschote quer einen Deckel abschneiden und die Kerne entfernen. Die Schote unten etwas abflachen, damit sie besser steht.
Sollte die Schote durch das Abflachen für eine dickflüssige Füllung nicht mehr dicht genug sein, kann sie mit einer längs geschnittenen Gurkenscheibe oder einer ausgestochenen Selleriescheibe und etwas Aspik wieder abgedichtet werden.

PAPRIKASCHEIBE

Die Paprikaschote in feine Scheiben schneiden; entweder mit dem Messer arbeiten oder – gleichmäßiger – mit der Aufschnittmaschine. Die einzelnen Ringe hintereinanderlegen.

Paprika aushöhlen

In Ringe schneiden

Ausstechen

Dekorative Formen aus ausgestochenen roten und grünen Paprikaschoten, verziert mit Mayonnaise und grünen Pfefferkörnern sowie Paprikaringe

Quer halbierte Paprika gefüllt mit Gemüsekugeln und
Joghurt. Rechts: Längs halbierte Paprika, gefüllt mit
Champignons, Staudensellerie, Avocadofilets, Tomaten-
spitzen und Olivenscheiben

FRUCHTGEMÜSE

AUBERGINE ZUM FÜLLEN

Die Aubergine ist auf den ersten
Blick für kalte Garnituren nicht
so gut geeignet. Ihre intensive
Farbe bringt jedoch hübsche
Kontraste für eine Dekoration.
Die Aubergine eignet sich zum
Füllen mit Gemüse, Obst und
dickflüssigen Soßen.
Die Aubergine dazu längs hal-
bieren und anschließend an der
Unterseite etwas abflachen, da-
mit sie besser steht.
Soll die Auberginenhälfte mit
Gemüse oder dickflüssigen So-
ßen gefüll werden, muß man sie
vorher etwas aushöhlen.

AVOCADO ZUM FÜLLEN

Die Avocado enthält einen
großen Kern. Um diesen zu entfernen, wird die Avocado der
Länge nach halbiert und durch
Verdrehen der beiden Hälften
auseinandergenommen. Soll
eine Hälfte aufbewahrt werden,
darf der Kern nicht herausgelöst
werden.
Damit sich das Fruchtfleisch der
Avocado nicht verfärbt, etwas
Zitronensaft darüberträufeln. Die
halbierte Avocado an der Unterseite etwas abflachen, damit sie
besser steht. Die Frucht an der
Stielseite ebenfalls etwas abschneiden.

AVOCADOFILETS

Die entkernte, halbe Avocado
schälen – die reife Avocado läßt
sich übrigens sehr leicht schälen
– und der Länge nach in finger-
dicke Filets schneiden. Diese mit
Zitronensaft beträufeln und mit
Salz und schwarzem Pfeffer aus
der Mühle würzen. Die Filets fächerförmig anrichten.

Aubergine
aushöhlen

Stein
entfernen

Schälen

Avocadofilets

Aubergine mit Eischeiben, Tomatenspitzen, Staudensellerie und Trüffel-
streifen. Rechts: Avocado mit Stein-
pilzsalat, daneben Garnelen-Gemüse-
Salat und Crème fraîche. Unten:
Avocadofilets mit Schinkensalat, daneben Avocadofilets mit Ei, Spargel,
Pfefferschote und Tomatenpunkten

SPROSSGEMÜSE

SPARGEL

Es gibt weißen und grünen Spargel. Der Unterschied besteht nicht nur in der Farbe, sondern auch darin, daß der grüne Spargel oberirdisch wächst und einen intensiv-würzigen Geschmack hat. Spargelsaison ist von Anfang Mai bis Ende Juni. Spargel sollte immer ganz frisch verwendet werden. Frischen Spargel erkennt man daran, daß die Schnittfläche glatt, prall und saftig ist. Außerdem „klingen" frische Spargelstangen, wenn man sie aneinanderschlägt.

Hinweis: Wird der Spargel nicht am gleichen Tag verwendet, sollte man ihn waschen, in ein feuchtes Tuch einwickeln und im Gemüsefach des Kühlschranks aufbewahren.

STAUDENSELLERIE

Staudensellerie gibt es das ganze Jahr über zu kaufen. Beim Einkauf sollte man unbedingt auf frische Ware achten. Stauden mit gelblichen Stengeln und welken Blättern sollte man nicht verwenden. Frische Stauden halten sich im Gemüsefach des Kühlschranks etwa zehn Tage.

STAUDENSELLERIE IN DER KÜCHE

Beim Putzen von Staudensellerie schneidet man zunächst die
Stengel am Wurzelansatz ab und
entfernt die Blätter (sie können
zum Würzen verwendet werden)
sowie den oberen Schnittansatz.
Bei den äußeren, kräftigen Stengeln können zusätzlich – wie
beim Rhabarber – die gröbsten
Fasern abgezogen werden.

ARTISCHOCKE

Die Artischocke wird in Südeu-
ropa als Wintergemüse und in
Amerika das ganze Jahr über
geerntet.
Sehr kleine Artischocken können ganz eingelegt werden, von
größeren Exemplaren sind die
zarten Böden und Herzen auch
eingelegt erhältlich.
Artischocken sind sehr vielseitig.
Sie schmecken gebraten, gebak-
ken, gekocht, gefüllt und „pur" zu
verschiedenen Dips sowie zu
Soßen.

ARBEITSGERÄTE

Die Messer werden zum Zu-
rechtschneiden der Artischocke
benötigt sowie zum Abschneiden der Schnittansätze bei Spargel und Staudensellerie.
Mit dem Spargelschäler oder
einem Sparschäler werden die
Spargel- und Staudensellerie-
stangen geschält.

SPROSSGEMÜSE

DAS SCHÄLEN UND KOCHEN VON SPARGEL

Die Spargelstange auf den linken bzw. rechten Unterarm legen und den Spargelkopf mit Daumen und Mittelfinger festhalten. Die Spargelstange etwa 3 bis 4 cm unterhalb des Spargelkopfes beginnend zügig bis zum Spargelende schälen. Den Spargel dabei mit Daumen und Mittelfinger drehen. Zum Schälen ein Spargelschälmesser oder einen Sparschäler verwenden. Den geschälten Spargel in einem Topf mit kaltem Wasser aufsetzen. Dem Kochwasser ein wenig Salz und eventuell etwas Glutamat beigeben – das verstärkt den Eigengeschmack. Den Spargel zum Kochen bringen und genau 5 Minuten kochen. Den Topf anschließend zur Seite stellen und den Spargel 20 Minuten ziehen lassen.

Hinweis: Wenn der Spargel geschält ist, an der Unterseite etwa 1 cm abschneiden. Dies ist sehr wichtig, denn die Spargelstangen werden häufig mit Messern gestochen, die nicht rostfrei sind. Am Spargelende ergibt sich dadurch eine Oxidation, die sich beim Kochen verfärbt und den Geschmack beeinträchtigt.

STAUDENSELLERIE

Die einzelnen Stangen auseinanderbrechen und gut waschen. Mit dem Sparschäler leicht schälen und die Fäden ziehen. Danach gegebenenfalls nochmals nachschälen.
Den Staudensellerie in etwas Salzwasser oder Gemüsebrühe gar dünsten.
Die Selleriestangen auf einer Platte anrichten und mit frischem, geschnitzelten Gemüse garnieren.

Weitere Varianten:
Den Staudensellerie auf eine gleichmäßige Länge von 5 bis 6 cm zurechtschneiden und aus den Stücken kleine Bündel legen. Jeweils ein Bündel mit einer Scheibe Lachsschinken umwickeln.
Statt dessen kann man die Stangen auch etwa 8 cm lang schneiden, bündeln und mit je einer Scheibe geräucherter Gänsebrust umwickeln.

STAUDENSELLERIE IM KELCHGLAS

Den geputzten und gewaschenen Staudensellerie mit Salz und Pfeffer würzen und in einem hohen Kelchglas roh anrichten.

Staudensellerie schälen

Spargel schälen

Selleriegemüse mit Tomatenspitzen, Oliven, Champignons und Zwiebeln

Weißer Spargel
mit Schinken und
holländischer Sauce
(siehe Rezeptteil)

Roher Staudensellerie im
Kelchglas

Grüner Spargel mit rohem
Schinken, Eischeiben,
Tomatenspitzen und Oli-
venscheiben, garniert mit
tourniertem Champignon-
kopf im Kressesalat

Weißer Stangenspargel
mit Obstsalat und Nüssen

77

SPROSSGEMÜSE

DAS VORBEREITEN UND KOCHEN VON ARTISCHOCKEN

Die Artischocke hat einen langen Stiel an ihrer Bodenseite. Um diesen Stiel zu entfernen, wird die Artischocke mit der linken bzw. rechten Hand an der Tischkante gehalten und der Stiel unter festem Druck mit der anderen Hand abgebrochen. Dadurch werden die starken Fäden aus dem Artischockenboden gezogen. Den Boden anschließend mit einem Messer leicht begradigen.
Eine Zitrone in etwas dickere Scheiben schneiden und diese mit einer Kordel am Artischokkenboden befestigen. Dadurch behält der Artischockenboden beim Kochen seine helle Farbe. Die Artischocke in reichlich Salzwasser mit etwas Zitronensaft und einem Schuß Essig kochen. Die Artischocke ist gar, wenn sich die Blätter leicht herausreißen lassen.

ARTISCHOCKENBODEN ZUM BELEGEN

Die Artischocke bis etwa 4 bis 5 cm oberhalb des Bodens mit einem scharfen Messer oder Wellenmesser abschneiden. Anschließend mit einem Löffel behutsam das „Heu" herauslösen und die Blätter bis auf 2 bis 3 Blätterreihen entfernen. Ein köstlicher Artischockenboden mit Blätterreihen bleibt übrig.

ARTISCHOCKENSCHÜSSEL ZUM FÜLLEN

In der Mitte der Artischocke beginnend, die Blätter herauszupfen, bis etwa zwei hohe Blätterreihen stehenbleiben. Dann mit einem Löffel vorsichtig das „Heu" entfernen. Es entsteht eine Schüssel zum Füllen.

Stiel abbrechen

Artischockenboden begradigen

Vorbereiten zum Kochen

„Heu" entfernen

Artischockenschüssel zum Füllen

Artischockenboden mit Salat von Garnelen, Karotten, Erbsenschoten, Wachtelei, Oliven und Brokkoli. Daneben: Artischockenboden mit Spargel und Schinkensalat auf einem Blattstern. Mitte: Artischockenboden mit Steinpilzen und Tomatenblättern. Unten links: Artischockenboden mit Gemüsezwiebelscheiben, Champignons und Schnittlauch. Daneben: Artischockenschüssel mit tournierten Karotten und Sellerie, Zucchini, Brokkoli und Tomatenblättern

KÜRBISSE UND GURKEN

KÜRBIS

Es gibt viele verschiedene Kürbissorten, darunter beispielsweise Gelber Zentner, Butternuß, Schlangenkürbis, Spaghettikürbis und Markkürbis. Sie unterscheiden sich durch Größe, Form und Farbe voneinander. Gemeinsam ist ihnen, daß ihr saftiges Fruchtfleisch relativ geschmacksneutral ist.

Das Fruchtfleisch eines reifen Kürbisses muß leuchtend gelborange aussehen und sollte fest, knackig sowie saftig, nicht weich oder faserig sein. Ein reifer Kürbis muß „klingen", wenn man mit dem Finger leicht an die Schale klopft. Er läßt sich problemlos

bis zum Winter aufheben, wenn er kühl und luftig lagert.

Zur Verarbeitung schneidet man den Kürbis mit einem großen, scharfen Messer vom Stiel zum Blütenansatz in Segmente und kratzt das weiche, faserige Innere und die Kerne mit einem Löffel heraus. Anschließend werden die Segmente geschält, ehe das Fruchtfleisch verarbeitet wird. Soll die Kürbisschale unbeschädigt bleiben, kann das Fruchtfleisch auch mit einem scharfen Löffel herausgelöst werden.

ZUCCHINI

Zucchini sind gurkenähnliche, sechskantige Früchte, die nicht ganz ausgereift mit noch weicher Schale geerntet werden. Sie haben dann eine zart- bis dunkelgrüne Schale, sind etwa 15 cm lang und wiegen zwischen 125 und 300 g.

Früchte dieses Reifestadiums haben hellgrünes, knackiges Fruchtfleisch und in der Mitte ein paar Kerne, die fest mit dem Fruchtfleisch verwachsen sind. Beim Einkauf sollte man darauf achten, keine größeren Früchte zu kaufen, deren Schale häufig gelblich verfärbt ist. Diese Zucchini sind schwammig und fade

im Geschmack. Ebensowenig sollte man Zucchini kaufen, die schrumpelig und welk aussehen. Im Gemüsefach des Kühlschranks lassen sich frische Früchte problemlos bis zu acht Tagen aufbewahren.

Hinweis: Zucchini werden niemals geschält, da sonst das Fruchtfleisch beim Dünsten, Braten oder Backen zerfallen würde. Lediglich der Stielansatz und – falls vorhanden – braune Flekken werden entfernt.

GURKE

Die Gurke ist eine alte Kulturpflanze, deren Heimat wahrscheinlich Indien ist. Die verschiedenen Sorten reichen von der kleinen, gefurchten Gemüse- oder Einlegegurke bis zu den langen, glatthäutigen Salatgurken. Gurken sind das ganze Jahr über erhältlich – im Sommer werden allerdings die meisten angeboten.
Die Qualität ist nicht von der Größe der Frucht abhängig, sondern von der Festigkeit ihres Fleisches. Eine Gurke bester Qualität hat ganz festes Fruchtfleisch.

Für Garnierungen können sowohl frische Salatgurken als auch eingelegte Gurken aus dem Glas verwendet werden.

ARBEITSGERÄTE

Der Oliven- und der Kugelausstecher werden für Gurken- und Zucchinidekorationen verwendet.
Das Kanneliermesser sowie das Buntmesser dienen zum Herstellen von Gurkenverzierungen.
Das große Messer wird zum Zurechtschneiden der Kürbisse und zum Schneiden der Gurken verwendet.

KÜRBISSE UND GURKEN

KÜRBISSE ZUM FÜLLEN

An der Stielseite des Kürbis
einen Deckel gerade abschneiden oder einen Deckel im Zickzackmuster rundherum ausstechen. Das Kerngehäuse entfernen.
Den vorbereiteten Kürbis füllen
und den Deckel schräg anleh-
nen, so daß noch genügend
Platz bleibt, um die Füllung ent-
nehmen zu können.

Kürbiskrone

Kürbiskrone mit Obstsalat aus exotischen früchten (geeignet für etwa
50 Portionen)

KÜRBISSE UND GURKEN

ZUCCHINISCHIFFCHEN

Aus der Zucchini einen Zylinder von etwa 4 cm Länge schneiden und diesen mit einem Messer vierteln. Die Viertel jeweils mit dem Messer so abrunden, daß daraus die Form eines Schiffchens entsteht.

ZUCCHINI ZUM BELEGEN

Kleine Zucchini der Länge nach halbieren und die untere Seite mit dem Messer etwas abschneiden, damit die Hälfte besser liegenbleibt.

ZUCCHINIBOOT

Große Zucchini der Länge nach halbieren und in etwa 7 cm lange Blöcke schneiden; an den beiden Schnittenden mit dem Messer etwas abrunden.
Die Zucchinihälften an der Unterseite mit dem Messer begradigen, damit sie besser stehen. Die Hälften an der Schnittfläche mit einem Teelöffel leicht aushöhlen.

ZUCCHINITÜRMCHEN

Dicke Zucchini in etwa 4 cm hohe Zylinder schneiden und mit dem Kugelausstecher eine Vertiefung ausstechen. Den unteren Rand der Türmchen leicht abschrägen.

DEKORATIONEN MIT GEWÜRZGURKEN

GURKENSCHEIBEN

Die eingelegten Gurken abtropfen lassen und in runde, ovale oder lange Scheiben zerteilen. Diese rund, fächerförmig oder hintereinander anordnen.

GURKENFÄCHER

Die Gurke mehrmals von oben nach unten einschneiden, jedoch nicht durchschneiden. Die Scheibchen mit der Seite eines Messers zum Fächer drücken.

Zucchinischiffchen

Zucchinihälften zum Belegen

Zucchiniboot

Aushöhlen

Schneidemöglichkeiten für Gewürz- und Salzgurken

Runde Gewürzgurkenscheiben mit gefüllten Olivenscheiben und ovale Gurkenscheiben mit Eischeiben

Zucchinihälfte mit Spargel. Daneben: Zucchinitürmchen mit Pilz-Tomaten-Salat. Darunter: Zucchiniboot mit Gemüsesalat. Daneben: Dekoration aus Zucchinischiffchen und Kirschtomate. Unten links: Zucchinischiffchen auf Tomaten. Daneben: Gewürzgurkenfächer auf Eischeibe

KÜRBISSE UND GURKEN

DEKORATIONEN MIT SALATGURKEN

GURKENSCHEIBE

Die kannelierte Gurke in Scheiben schneiden und diese hintereinander anordnen.

Kannelieren

HALBE GURKENSCHEIBE

Kannelierte Gurkenscheiben halbieren und als Randgarnierung etwas übereinander anordnen. Die Schnittflächen bilden so eine Linie.

Kannelierte Scheiben

GURKENECKEN

Die Salatgurke schälen, der Länge nach halbieren und in Ecken schneiden. Diese hintereinander, nebeneinander oder rund gelegt anordnen.

Gurkenecken

AUSGESTOCHENE GURKEN

Die geschälte oder ungeschälte Gurke mit dem Kugelausstecher oder dem olivenförmigen Ausstecher ausstechen.
Die Kugeln rund legen oder zu einer Gurkentraube anordnen. Dazu die Gurkenschalen mit dem Messer zu „Traubenblättern" zurechtschneiden. Die olivenförmig ausgestochene Gurke zum Füllen von Gurkenschiffchen oder Tomaten verwenden.

Kugeln ausstechen

GURKENKRONE

Eine ungeschälte Salatgurke in etwa 8 bis 10 cm große Stücke zerteilen. Die Stücke anschließend rundherum mit einem Zickzackschnitt halbieren und die Hälften mit einer leichten Drehung auseinandernehmen.

Gurkenkrone

Gurkenecken, Reihe von halbierten, kannelierten Gurkenscheiben und Gurkentraube

Kannelierte Gurkenscheiben mit ausgestochenen Tomaten- förmchen. Darunter: Gurken- krone mit tourniertem Cham- pignonkopf. Rechts: Stilisierte Gurkenblumen mit Ei- und Olivenscheibe

KÜRBISSE UND GURKEN

GURKEN ZUM FÜLLEN

GURKENTÜRMCHEN

Die Gurke quer in etwa 4 cm hohe Türmchen schneiden. Diese mit dem Kugelausstecher aushöhlen.

GURKENBOOT

Die Gurke der Länge nach halbieren und in 5 bis 6 cm lange Stücke schneiden. Diese mit einem Teelöffel oder einem Kugelausstecher etwas aushöhlen. Die Gurkenhälfte an der Unterseite begradigen, damit sie besser steht.

GANZE GURKE

Eine schöne Salatgurke mittlerer Größe waschen, aber nicht schälen. Mit dem Messer oder Sparschäler ein dickes Schalenstück von der Blüte zum Stiel schneiden, aber nicht abschneiden.
Die so vorbereitete Gurke an der Unterseite etwas abflachen, damit sie besser steht.
Von einer anderen Gurke eine dicke, kannelierte Scheibe abschneiden, die für den Garniturspieß verwendet wird.
Die Schale zu einer Schleife formen, den Garniturspieß hindurchstechen und durch die quer eingewickelte Gurkenscheibe spießen. Die so entstandene Rolle an der Stielseite der Gurke fixieren.
Die Salatgurke über ihre gesamte Länge mit dem Teelöffel etwas aushöhlen und mit einem bunten Salat füllen.

Türmchen schneiden

Aushöhlen

Schiffchen aushöhlen

Schälen

Aushöhlen und Schale dekorieren

Kanneliertes Gurkentürmchen mit Kirschtomate und gevierteltem Wachtelei. Darunter: Gurkentürmchen mit olivenförmig ausgestochenem Sellerie-Karotten-Salat. Rechts: Gurkenschiffchen mit Champignonscheibe, Blumenkohl, Brokkoli, Tomatenblättern und halbem Wachtelei. Darunter: Kanneliertes Gurkentürmchen mit Champignonsalat.

Gefüllte Gurke mit buntem
Gemüsesalat

PILZE

Für Garnituren weiße Champignons mittlerer Größe verwenden, deren Lamellen noch geschlossen sind. Die Champignons gut waschen und mit etwas Zitronensaft beträufeln, damit die Pilze ihre helle Farbe über einen längeren Zeitraum hinweg behalten.
Sind die Pilze älter und haben dunklere Stiele mit einer schaumigeren, trockeneren Struktur, sollte man die Stiele soweit abschneiden, bis das Pilzfleisch wieder hell und elastisch ist.

CHAMPIGNONSCHEIBE

Die gewaschenen Champignons in Scheiben schneiden und diese hintereinanderlegen.

CHAMPIGNONS

Man unterscheidet braune und weiße Sorten. Champignons schmecken am besten frisch zubereitet – aber im Gegensatz zu anderen Pilzen halten sich Champignons auch länger frisch. Sie können etwa 3 bis 4 Tage im Gemüsefach des Kühlschranks aufbewahrt werden. Die Pilze sollten dann jedoch nicht in Plastiktüten lagern.

WAS IST BEIM KAUF ZU BEACHTEN?

Der Handel bietet sogenannte „geputzte" und „ungeputzte" Champignons an. Die ersteren sind Pilze mit geschlossenen Köpfen und abgeschnittenen Füßen. Diese Pilze müssen nur unter fließendem Wasser abgewaschen werden und anschließend auf Küchenkrepp gut abtropfen. Die trockenen Stiele kann man dann nochmals nachschneiden. Die ungeputzten Champignons sind – weil ungeschnitten – meist frischer und aromatischer. Auch sie werden kurz unter fließendem Wasser abgespült und anschließend gründlich abgetrocknet. Dann schneidet man die Stiele etwas ab.

ARBEITSGERÄTE

Mit dem Messer und dem Kanneliermesser lassen sich die Pilzköpfe dekorativ verzieren.

Champignonscheiben mit ausgestochenen Tomaten- und Paprikaförmchen, daneben kannelierter Champignonkopf, gefüllt mit Marone, Kurpflaume, Silberzwiebeln und Pistazien. Mitte: kannelierter Champignonkopf auf ausgestochenem Gurkenstern, tournierter Champignonkopf, Champignonscheibe mit Karotten- und Gurkenkugeln. Rechts: gefüllte Champignonköpfe mit Gemüsekugeln auf ausgestochener Paprikascheibe und mit kleinem Tomatensalat

KANNELIERTER CHAMPIGNONKOPF

Mit dem Kanneliermesser sechs oder acht Streifen von der oberen Mitte des Champignonkopfs nach unten ziehen. Danach noch einmal mit Zitronensaft beträufeln.

TOURNIERTER CHAMPIGNONKOPF

Die Messerklinge eines scharfen Messers zwischen Daumen und Zeigefinger leicht schräg halten. Das Messer von der Mitte des Champignonkopfes sichelförmig nach unten ziehen. Zitronensaft über den Champignonkopf träufeln.

Kannelieren

Tournieren

Vorbereiten zum Füllen

GEFÜLLTER CHAMPIGNONKOPF

Für diese Dekoration gleichmäßig große Champignons verwenden. Die Pilze gut waschen und den Stiel entfernen.
Die Höhlung eventuell mit dem Kugelausstecher etwas nachschneiden und füllen.
Variation: Die Füllung (siehe Rezeptteil) in die Höhlung drücken und den gefüllten Champignonkopf in Mehl wälzen. Anschließend in der Pfanne mit Butter braten. Während des Bratens mit Salz und Pfeffer würzen.
Der gefüllte Champignonkopf kann statt dessen auch mit Salz und Pfeffer gewürzt, in Mehl, Ei und Paniermehl paniert und anschließend in der Friteuse ausgebacken werden.

91

Brot und Brötchen

Der flache Brotkorb

Für eine Zusammenstellung eines Brotsortiments aus aufgeschnittenen Graubroten verwendet man einen flachen Brotkorb. Er wird ringsherum mit einem breiten Band und einer Schleife verziert. Den Korb legt man mit einer farblich zur Tischdecke passenden Serviette aus.
Für den Brotkorb sollte man verschiedene Brotsorten wählen: Dreikornbrot, Zwiebelbrot, dunkles und helles Mischbrot, Roggenvollkornbrot, dazu verschiedene Brötchensorten und Baguette.

Der grosse Brotkorb

Zu einem kalten Büffet gehören selbstverständlich auch Brot und verschiedene Brötchen, die man sehr dekorativ anrichten kann.
Wenn für den Brotkorb eine Kombination aus kleinen Brötchen, Hörnchen, Brezeln, Salz-, Mohn- oder Kümmelstangen sowie Baguettes gewählt wird,

sollte man dafür einen hohen Korb – möglichst mit einem Henkel – verwenden.
Die Henkel umwickelt man mit einem breiten Band, das an einem Ende zu einer größeren Schleife geschlungen wird. An der anderen Seite des Henkels kann man einen Strauß mit Weizenähren binden oder statt dessen eine große Laugenbrezel, Hörnchen oder Kümmelstangen als Garnitur befestigen.

BRANDTEIGGEBÄCK

GRUNDREZEPT

Für den Brandteig benötigt man:
$\frac{1}{4}$ l Wasser, 50 g Butter, 1 Prise
Salz, 150 g Mehl, 2 Eier, Fett
zum Ausbacken.
Das Wasser mit der Butter und
dem Salz aufkochen.
Das Mehl hinzugeben und unter
ständigem Rühren den Teigkloß
abbrennen.
Den Kloß in eine Schüssel geben und die Eier einzeln einrühren. Der Brandteig ist richtig,
wenn er in Spitzen reißend vom
Löffel fällt.

BRANDTEIGFORMEN

Aus Brandteig lassen sich durch
Spritzen mit unterschiedlichen
Tüllen (Sterntülle oder Lochtülle
Nr. 7) dekorative Garnierungen
herstellen: für Eclairs gleichmäßige Balken, für Schleifen ein aus-
geprägtes Fragezeichen, für Rosetten einen kleinen Kreis, für
Zwillinge 2 kleinere Rosetten
dicht beieinander und für Hörnchen ein Halbkreis.

BRANDTEIGSCHWAN

Der Schwan aus Brandteig wird
in zwei Teilen gespritzt. Zunächst
stellt man den Kopf und den
Hals her. Man beginnt mit dem
dünneren Schnabel, der etwa
1 cm schräg nach oben gezogen
wird. Danach drückt man für den
Kopf den Spritzbeutel etwas
stärker und läßt den Hals wie
ein Fragezeichen gleichmäßig
auslaufen. Für den Körper spritzt
man eine Rosette oder eine etwas länglichere Raupe.

Pikant gefüllte (siehe Rezeptteil) Brandteigformen:
oben Eclairs und Brand-
teigschwan; darunter Ro-
sette und Zwillinge, unten
Hörnchen und Schleife

95

BUTTERGARNITUREN

BUTTER

Butter ist ein natürliches Milch-
produkt aus Sahne, die von der
Milch abgerahmt wurde. Butter
kann aus frischer oder saurer
Sahne hergestellt werden.
Manchmal wird die Butter zusätzlich gesalzen, um sie haltba-
rer zu machen.

ARBEITSGERÄTE

Zum Anfertigen von Garnituren
aus Butter gibt es verschiedene
Arbeitsgeräte:
Das Butterschneidegerät ist eine
Kombination mehrerer Arbeits-
geräte. Man kann damit Butter-

kugeln, Butterscheiben mit Zak-
ken oder Butterrollen herstellen.
Die geriffelten Butterbrettchen
verwendet man zum Modellieren von Butterkugeln.
Buttermodel bestehen aus zwei
Teilen, dem Zylinder und dem
Kolben. Im Kolben ist ein Relief-
muster negativ eingeschnitzt.
Mit Hilfe von Buttermodeln kann
man kleine Butterstücke mit
reizvollen Reliefs versehen.
Die in etwa $1/2$ cm dicke Scheiben geschnittene Butter läßt
sich mit verschiedenen Ausstechförmchen hübsch zurechtschneiden.

GESCHNITTENE BUTTER-
GARNITUREN

Das Mittelstück des Butter-
schneidegeräts in siedendheißes
Wasser tauchen und damit von
der Butter eine Scheibe abschneiden. Die abgeschnittenen
Scheiben haben auf beiden Seiten einen gezackten Rand.

AUSGESTOCHENE BUTTER-
GARNITUREN

Die Butter in Scheiben schneiden und diese mit passend
großen Ausstechförmchen ausstechen. Die ausgestochenen
Formen anschließend in Eiswasser geben.

Ausgestochene Butter

Butterscheiben. Rechts: Dekorative
Butterstücke mit Tomatenrose und
Radieschenrose

Buttergarnituren

Butterkugeln

Das Butterschneidegerät in siedendheißes Wasser tauchen, auf die nicht zu harte Butter fest aufdrücken und das Gerät dabei gleichmäßig drehen. Die fertigen Kugeln in eine Schüssel mit kaltem Wasser und Eiswürfeln geben. Für verschiedene Dekorationen kann man die Butterkugeln zwischen zwei geriffelten Butterbrettchen modellieren oder in rotem Paprikapulver sowie feingehackten Kräutern wälzen.

Traube von Butterkugeln

Für eine Buttertraube werden etwa 30 bis 40 Butterkugeln benötigt. Für den Stiel und die Blätter mit einem in heißes Wasser getauchtem Messer Butterscheiben abschneiden, mit entsprechenden Schablonen die gewünschten Formen ausschneiden und auf einem Teller anrichten. Mit dem Messerrücken feine Adermuster hineinritzen. Dann die glatten oder geriffelten Butterkugeln traubenförmig anordnen.

Geformte Butterreliefs

Die beim Ausstechen anfallenden Butterreste kann man entweder als Streichbutter verwenden, oder man drückt die Reste in ein Buttermodel.
Das Buttermodel vor Gebrauch für einige Minuten in kaltes Wasser legen. Die weiche Butter in das Model drücken und mit dem Kolbengriff das reliefverzierte Portionsstück herauspressen.

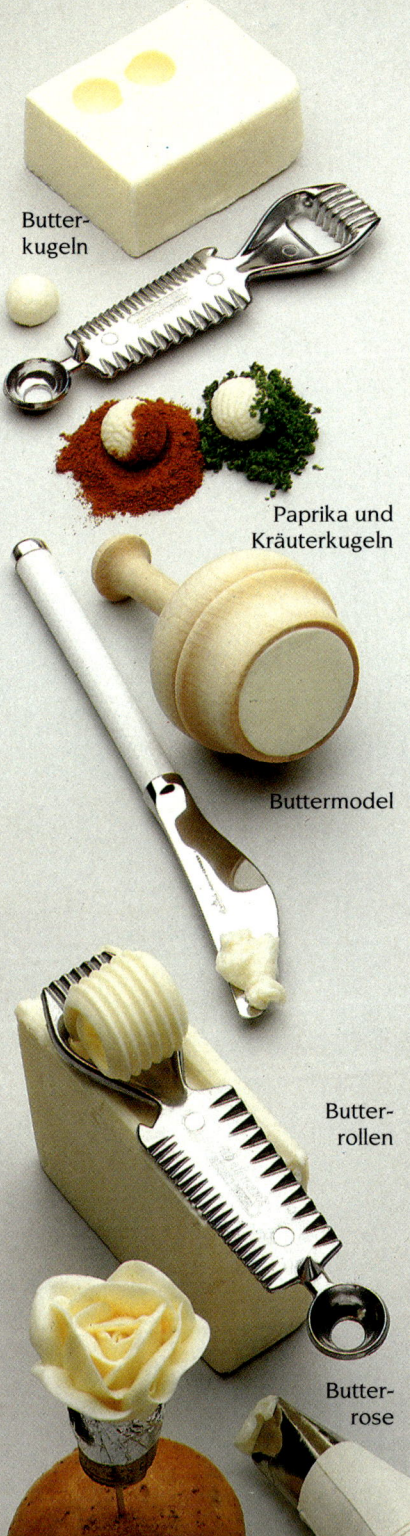

Butterkugeln

Paprika und Kräuterkugeln

Buttermodel

Butterrollen

Butterrose

Butterrollen

Mit dem Butterschneidegerät kann man gezogene Butterrollen herstellen. Dafür ein 250-g-Päckchen Butter auf die lange schmale Seite stellen und auf der oben liegenden Seite das Gerät zügig von einem Ende zum anderen ziehen.
Die Butteröllchen anschließend in Eiswasser legen.

Butterrose

Zimmerwarme Butter cremig rühren und in einen Spritzbeutel mit der flachen Rosentülle füllen. Eine etwa 10 cm lange Stopfnadel mit der stumpfen Ösenseite in einen Korken und mit der Spitze in einen festen, halbierten Apfel stecken. Die Oberseite des Korkens mit Alufolie abwickeln.
Nun mit dem Spritzbeutel die Butter aufspritzen, dabei den Korken behutsam drehen, so daß zunächst eine kleine Knospe entsteht. Anschließend die kleineren Innenblätter von etwa 3 bis 4 cm Breite aufspritzen, und zwar so, daß sie wellenförmig mit einer Aufwärtsbewegung der Tülle angespritzt werden. Die nach außen gehenden Blütenblätter werden etwas breiter und länger gespritzt.
Damit die Rosenblüte etwas größer und ausladender wird, sollte sie durch vorsichtiges Blasen von oben verändert werden.
Die Rose anschließend zum Härten mit der Unterlage in den Kühlschrank stellen.

Buttertraube, Butterrosen, Butterrollen und Portionsstückchen aus
dem Buttermodel. Unten rechts: Butterkugeln mit Paprika und Kräutern

GARNITUREN MIT EIERN

HÜHNEREIER

Eier gibt es in sieben verschiedenen Gewichtsklassen von etwa 45 g bis 70 g und mehr. Eier variieren aber nicht nur in Größe, Farbe und Gewicht, sondern auch in der Frische. Hühnereier sollten für Garnierungen etwa 10 Minuten gekocht werden. Anschließend muß man die Eier sofort in kaltem Wasser abschrecken. Danach lassen sie sich besser schälen.

WACHTEL- UND MÖVENEIER

Wachteleier haben eine Kochzeit von etwa 5 Minuten, Möveneier müssen ungefähr 8 Minuten kochen.
Wachtel- und Möveneier sollte man nicht ganz schälen, sondern nur an der Spitze etwa ein Drittel der Schale rundherum entfernen.

EIER KOCHEN

Eier müssen vor dem Kochen angestochen werden. Man verwendet dazu spezielle Eierpikser und sticht damit ein ganz feines Loch in das dickere, abgeflachte Ende des Eies, wo sich die Luftkammer befindet.
Diese Methode gilt für alle Eier, auch für Wachteleier und Möveneier (Saison: Anfang Juni).

FRISCHETEST

Die Frische eines Eies läßt sich durch eine Schwimmprobe prüfen. Man legt das Ei dazu in ein mit Wasser gefülltes Glas. Bei einem frischen Ei ist die Luftkammer sehr klein, und das Ei ist relativ schwer. Deshalb sinkt es im Wasserglas nach unten und bleibt flach liegen.

Ein Ei, das eine Woche alt ist, verhält sich anders. Die Luftkammer, die sich am dickeren, abgeflachten Ende befindet, vergrößert sich, und dadurch steigt das Ei hoch. Es stellt sich mit dem abgeflachten Ende schräg nach oben.

Ein Ei, das zwei bis drei Wochen alt ist, hat eine größere Luftkammer und dadurch so viel Auftrieb, daß es sich im Wasserglas aufrecht auf die Spitze stellt. Ein etwa fünf bis sechs Wochen altes Ei schwimmt im Wasserglas an der Oberfläche; ein solches Ei sollte man nicht mehr verwenden.

ARBEITS-GERÄTE

Mit den beiden Eierschneidern lassen sich die hartgekochten Eier rasch zerteilen. Das Buntmesser dient zum dekorativen Zerschneiden von Eiweiß. Mit dem Spritzbeutel und der Lochtülle wird die Füllung dekorativ in die Eihälften gespritzt. Der Eierpikser ist zum Anstechen der Luftkammer des Eies vor dem Kochen wichtig, damit das Ei nicht platzt.

GARNITUREN MIT EIERN

EIERSCHEIBEN UND -SECHSTEL

Zum Schneiden der hartgekochten Hühnereier gibt es zwei verschiedene Schneidegeräte. Diese schneiden das Ei entweder in gleichmäßige Scheiben oder Sechstel.
Mit dem Scheibenschneider lassen sich auch Streifen oder Würfel schneiden, wenn man das einmal in Scheiben geschnittene Ei im Schneidegerät umdreht. Diese Streifen oder Würfel eignen sich als Garnitur für Blattsalate.

HALBIERTE EIER

Es gibt zwei Möglichkeiten, ein gekochtes Ei zu halbieren. Man kann es der Länge nach oder quer durchschneiden.
In beiden Fällen sollten die Eihälften an der Unterseite etwas abgeflacht werden, damit sie besser stehen.

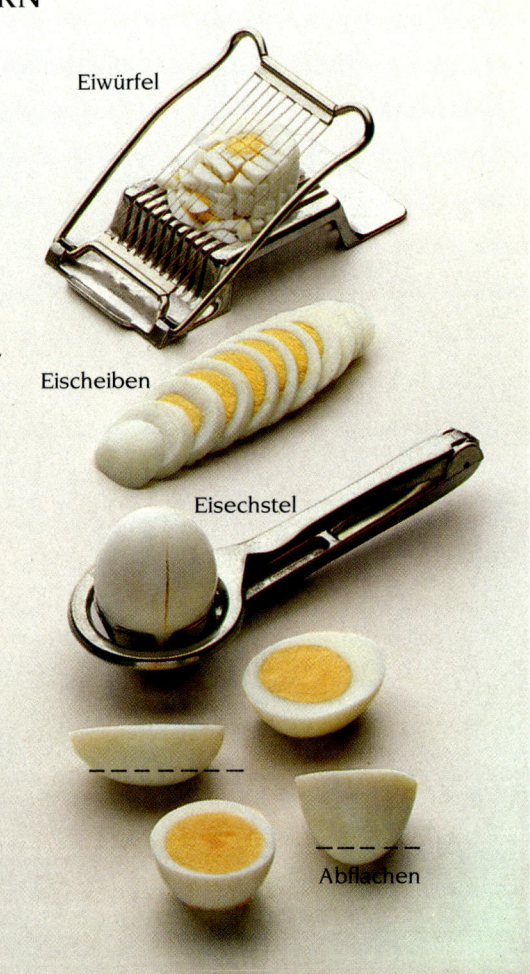

Eiwürfel

Eischeiben

Eisechstel

Abflachen

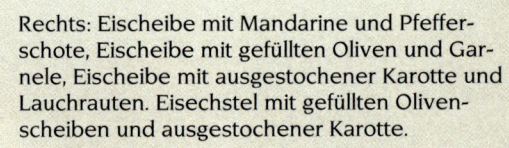

Rechts: Eischeibe mit Mandarine und Pfefferschote, Eischeibe mit gefüllten Oliven und Garnele, Eischeibe mit ausgestochener Karotte und Lauchrauten. Eisechstel mit gefüllten Olivenscheiben und ausgestochener Karotte.

Eischeiben mit ausgestochenen Tomatenformen und Trüffelpunkten, daneben Eischeibe mit Sardellenfilets, Eischeibe mit Tomatenblatt und Kresse und Tomaten-Eier-Halbkugeln.

Gehacktes Ei auf kannelierten
Gurkenscheiben mit
Radieschenstreifen
und halbierte Eier
mit Salamitüte,
Bündnerfleisch-
röllchen und
Spargel.

Eisechstel und Tomatensechstel
mit gefüllten Olivenscheiben

103

GARNITUREN MIT EIERN

MAIGLÖCKCHEN

Ein hartgekochtes Ei mit dem Scheibenschneider in gleichmäßige Scheiben schneiden und das Eigelb entfernen. Man kann es für Salate oder als Brotbelag verwenden.

Das Eiweiß mit einer runden Lochtülle Nr. 10 ausstechen und mit dem gezackten Buntmesser ein Drittel des Kreises abschneiden. So entsteht ein stilisiertes Blütenglöckchen.

Aus gedünstetem Lauch mit einem scharfen Messer Blätter und Stiele ausschneiden und die Blütenglöckchen daranlegen.

EIGELBCREME

Für zwei hartgekochte Eier benötigt man 20 g Butter, etwas Salz, Pfeffer und Senf.

Die hartgekochten Eier schälen und behutsam mit dem Messer der Länge nach halbieren.

Das Eigelb in ein feines Sieb geben und mit Hilfe des Eßlöffels in eine Schüssel passieren. Anschließend die weiche Butter hinzugeben und die Mischung salzen, pfeffern und mit Senf abschmecken. Alle Zutaten cremig verrühren.

Hinweis: Falls die Eigelbcreme zu fest wird, die Schüssel mit der Creme ins warme Wasserbad stellen und so lange rühren, bis die Creme die gewünschte Konsistenz aufweist.

Ist die Creme zu weich, fast dickflüssig, wird sie in den Kühlschrank gestellt und ab und zu durchgerührt.

Das Eiweiß an der gewölbten Stelle etwas abschneiden, damit die gefüllten Eier später gut stehenbleiben. Anschließend das Eiweiß in eine Schüssel mit Salzwasser legen.

Die Füllung mit der Zackentülle in die Hälften spritzen und garnieren.

Eischeiben

Eihälften

Gefüllte Eier

Ausgestochenes und geschnittenes Eiweiß

Wachteleier auf Kresse- und Radies-
chennest. Unten links: gefüllte und
verschieden verzierte Eihälften.
Unten rechts: Maiglöckchen

ASPIK

ASPIK FÜR OBST

10 Blatt Gelatine Goldqualität
(in der warmen Jahreszeit) oder
8 Blatt Gelatine Goldqualität (in
der kühlen Jahreszeit), 1/2 l trok-
kener Weißwein, Saft von
1/4 Zitrone, 70 g Zucker.
Die Gelatineblätter in kaltem
Wasser etwa 10 Minuten quellen
lassen und dann gut auspressen.
Die Hälfte des Weißweins in
einem kleinen Topf erhitzen und
den Topf kurz vor dem Kochen
der Flüssigkeit von der Herd-
platte nehmen.
Die ausgepreßten Gelatineblätter zum Wein geben und unter
langsamem Rühren auflösen.
Anschließend den Zitronensaft
und den Zucker hinzufügen und
die Aspiklösung bis kurz vor
den Gelierpunkt kaltrühren. Der
Gelierpunkt liegt bei etwa
28–30°C.
Den Aspik mit einem Kuchen-
pinsel auf das Obst auftragen.

MADEIRA-ASPIK FÜR FLEISCHGERICHTE

450 g klare Ochsenschwanzsuppe, 50 g Madeira, 1 Prise
Salz, 20 g Aspikpulver (für mittelweiches Gelee), oder:
40–50 g Aspikpulver (für
schnittfestes Gelee).
Die Ochsenschwanzsuppe durch
ein Tuch sieben, damit weder
Fett noch Fleisch in der Brühe
bleiben.
Das Aspikpulver etwa 10 Minuten in einem Drittel (150 g) der
klaren, kalten Ochsenschwanzsuppe quellen lassen. Die restliche klare Ochsenschwanzsuppe
aufkochen, den gequollenen
Aspik hinzugeben, unter langsamem Rühren auflösen und den
Madeira darunterrühren.
Die Flüssigkeit in ein flaches Ge-
fäß gießen und im Kühlschrank
erstarren lassen.

DILLASPIK FÜR FISCHGERICHTE

500 g klare Fischbrühe (mit trok-
kenem Weißwein), 20 g Aspikpulver (für mittelweiches Gelee)
oder: 40–50 g Aspikpulver (für
schnittfestes Gelee), 1 Bund Dill.
Das Aspikpulver in etwa einem
Drittel der kalten Fischbrühe ungefähr 10 Minuten quellen lassen. Die restliche Fischbrühe
aufkochen, den gequollenen
Aspik hinzugeben und unter
langsamem Rühren auflösen.
Den Dill sehr fein schneiden.
Den Fischaspik anschließend bis
kurz vor dem Erstarrungspunkt
(etwa 35°C) im kalten Wasserbad kaltrühren und erst dann
die feingeschnittenen Dillspitzen
hinzufügen.

Hinweis: Dadurch, daß der Dill
erst kurz vor dem Erstarren des
Aspiks hinzugegeben wird, setzt
er sich nicht am Boden ab.

ASPIKVERARBEITUNG

Aspik ist eine pulverisierte Spei-
segelatine, mit der Bouillon oder
andere Brühen geliert werden
können.

Aspikpulver ist eine rein gewon-
nene Eiweißart. Daher müssen
alle Arbeitsgeräte wie Schüsseln,
Töpfe und Schneebesen besonders sauber sein; für Keime,
Bakterien und Sporen ist die
Aspiklösung eine besonders gu-
te Lebensgrundlage.

ASPIKLÖSUNG ABFETTEN

Wird eine Rinder- oder Hühner-
brühe mit Aspik geliert, können
sich Fettaugen absetzen. Im warmen Zustand sind diese Fettaugen durchsichtig – beim Gelieren werden sie aber kalt und
fest und bilden kleinere oder
größere Fettinseln auf der Oberfläche. Zum Abfetten legt man
eine saugende Papierserviette
auf die warme Aspiklösung, hebt
sie ab und entfernt so die Fettaugen. Diesen Vorgang so lange
wiederholen, bis sämtliche Fettaugen abgehoben sind.

ARBEITSGERÄTE

Mit Hilfe von Lineal und Messer
wird der Aspik in verschiedene
Formen zerschnitten.
Die Ausstechförmchen mit ver-
schiedenen Motiven dienen zum
Ausstechen von Aspikdekora-
tionen.
Mit dem Pinsel lassen sich vor-
bereitete Fleischgerichte oder
Gemüsedekorationen mit Aspik
überziehen.
Aspikreste werden mit dem
Messer grob gehackt. Diese
Würfel ergeben schnelle Rand-
dekorationen.

Aspikwürfel

Aspik

Aspiküberzug für Fleisch und Fisch

1. Die Aspiklösung bis etwa 34°C abkühlen und mit einem weichen Pinsel auf das Fleisch oder den Fisch auftragen.
2. Das Fleisch- oder Fischstück auf ein Kuchengitter legen und die Aspiklösung mit einer Schöpfkelle darübergießen. Das überflüssige Aspik tropft ab, und es bleibt ein dünner Überzug.

Platten mit einem Aspikspiegel ausgiessen

Um festzustellen, welche Aspikmenge zum Ausgießen einer Platte benötigt wird, gießt man diese zuerst mit Wasser aus und fängt das abgemessene Wasser in einem sauberen Topf auf. Für einen Aspikspiegel sollte das Aspik besonders fest sein: Auf 1 Liter Wasser 70 g Aspikpulver verwenden und in der beschriebenen Art auflösen. Diese Aspiklösung nun etwa 5 mm dick auf die vorbereitete Platte gießen. Eventuell entstandene Luftblasen mit dem Finger oder der Breitseite eines Messers abtippen.

Fleischscheiben mit Aspik überziehen

Schinkenscheibe mit Aspik einpinseln

Melonenkugeln in Aspik tauchen

Platte mit Aspikspiegel ausgießen

Falls die Platte nicht eben aufliegt und die Aspiklösung sich an einer Stelle sammelt, kann man durch Unterlegen eines Messers den Aspikspiegel korrigieren. Die Platte nun nicht mehr berühren, bis der Aspik geliert ist.
Ob der Aspikspiegel fest ist, erkennt man daran, daß sich beim Daraufblasen keine Wellen mehr auf dem Aspik bilden.
Die Platte erst nach dem Erstarren des Aspiks mit Fleisch, Wurst oder Fisch belegen.

Platte mit Aspikspiegel, darauf ausgestochene und geschnittene Aspikformen. Die Platte wurde belegt mit Roastbeef, Spargel, gekochtem Schinken, Eischeiben, Radieschen und Cornichons

ASPIK

BLÜTEN UNTER ASPIK

Gestocktes Eiweiß von 3 Eiern, 2 Scheiben Eigelb, 16 kleine Ellipsen aus schwarzer Garniermasse oder Trüffel, 2 Blütenblätter und Stiele aus gedünstetem Lauch oder Gurkenschalen. Die Eiweiße in eine gebutterte Tasse geben und im Wasserbad bei 80°C stocken lassen.
Die Eigelbscheiben mit einem runden Ausstecher von 1,5–2 cm Durchmesser ausstechen. Das gestockte Eiweiß in dünne Scheiben schneiden und diese ellipsenförmig ausstechen. Davon werden 16 Blättchen benötigt.
Die 16 kleinen Ellipsen auf die weißen Blättchen auflegen, jedoch vorher immer in Aspik tunken!
Anschließend die Eigelbscheiben rundherum mit Aspik einpinseln, damit sich keine Partikel ablösen, die den Aspikspiegel später trüben. Die so vorbereiteten Eigelbscheiben trocknen lassen, dann nochmals in Aspik tunken und auf die Platte setzen. Um die Eigelbscheiben die Eiweißellipsen anordnen – diese dazu ebenfalls noch einmal in Aspik tunken. Als Abschluß die Blütenblätter und Stiele auflegen. Die Platte kalt stellen, so daß der Aspik fest werden kann. In der Zwischenzeit den Plattenaspik auf etwa 36 bis 38°C abkühlen und damit die Platte ausgießen.
<u>Hinweis:</u> Der Plattenaspik muß deshalb so stark abkühlen, damit sich die mit Aspik aufgeklebte Garnitur nicht von der Platte ablöst und an der Oberfläche schwimmt.

Eiweiß ausstechen

Garniermasse ausstechen

Mit Aspik bestreichen

Eigelb ausstechen

Lauch ausschneiden

Platte mit Blüten unter Aspik, belegt mit gefüllten Schinkenröllchen

Cocktailhappen und Canapés

Cocktailhappen

Cocktailhappen sind rund oder gewellt ausgestochene Pumpernickel-, Graubrot- oder Weißbrotscheiben, die mit Wurst, Käse oder Fisch sowie Obst und Gemüse belegt werden. Zum Schluß befestigt man die einzelnen Zutaten mit einem Cocktailspießchen auf dem Brot. Zum Ausstechen des Brotes verwendet man Ausstecher zwischen 34 bis 36 mm Durchmesser.

Canapés

Canapés sind gebutterte Toastbrot- oder Kastenweißbrotschnitten mit verschiedensten Belägen. Allerdings verzichtet man bei den Canapés auf die

Spießchen – diese passen besser zu den rustikaleren Cocktailhappen.
Bei den Canapés kann man wählen zwischen runden Formen mit 5,5 oder 6 cm Durchmesser, ovalen Formen mit 6,5 cm Länge und 4 cm Breite sowie rechteckigen Formen mit den Maßen 6 cm x 4 cm. Eine zusätzliche Variante bringen dreieckige Canapés von 7 cm Seitenlänge.

Arbeitsgeräte

Ausstecher, Messer und Cocktailspießchen werden für die Zubereitung der verschiedenen Cocktailhappen und Canapés benötigt.

Lachsschinkentasche mit Spargelspitzen und gefüllten Olivenscheiben

Crème des Prés mit Pfefferkäse und
Kresse

Bauernschinkenhütchen mit halber
Eischeibe und
Gurkenfächer

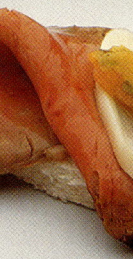

Eischeiben mit Sardellenfilets und
Kabern

Roastbeefhütchen mit Palmmark-
scheiben und Hot-Dog-Relish

Blattsalat, Gewürzgurkenscheiben,
Matjesfilet, Eischeibe und Zwiebel-
scheiben

Räucherlachshütchen
mit ausgestochener,
halber Eischeibe, Sahne-
meerrettich, Scampi
und Kapern

Links: Cocktail mit ausgestochener
Gouda- und Birnenscheibe, Roque-
fortcreme, Mandel und Cocktailkirsche, daneben: Lachsschinkenröllchen mit Spargelabschnitten auf
Tilsiter mit Melonenkugel, darunter:
Matjesheringsröllchen auf ausgestochener Eigelbscheibe und Silberzwiebel

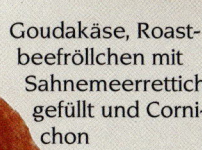

Goudakäse, Roast-
beefröllchen mit
Sahnemeerrettich
gefüllt und Corni-
chon

Appenzeller, Gouda-
würfel, Tomatenblatt
mit Silberzwiebel

Chesterkäse, Salamitüte,
Cornichonscheiben und
Silberzwiebel

Gurken-
scheibe,
Tatarbäll-
chen,* Sar-
dellenfilet,
Olive

Edamer-
scheibe,
Kugel aus
Kräuter-
käse mit
Bröseln,*
Eischeibe

Emmentaler,
Bündnerfleisch
mit Frischkäse-
creme, Olive

* (siehe
Rezeptteil)

COCKTAILHAPPEN UND CANAPÉS

PLATTENAUFBAU

GERADLINIGE ANRICHTEWEISE

Die Cocktailhappen oder Canapés werden direkt neben- und hintereinander angeordnet. Diese Art des Anrichtens empfiehlt sich für größere Platten – das Verhältnis der Größe der Platte sollte jedoch mit der Anzahl der Cocktailhappen oder Canapés harmonieren, damit keine zu großen Lücken entstehen.

ANRICHTEWEISE AUF „LUKE"

Diese Art des Anrichtens empfiehlt sich, wenn möglichst viele Cocktailhappen und Canapés auf einer kleineren Platte serviert werden.
Bei dieser Variante sitzen die Canapés geradlinig hinter- und nebeneinander, und die Cocktailhappen finden zwischen den „Luken" Platz. Der Vorteil dieser Art des Anrichtens besteht darin, daß ein geschmacklich breites Band für den Gaumen und ein buntes Bild fürs Auge entstehen.

V-FÖRMIGE ANRICHTEWEISE

Beim Anrichten von runden Platten richtet sich die Legeweise der Canapés und Cocktailhappen nach der Anzahl der Teile, die auf die Platte gelegt werden sollen.
Bei weniger Cocktailhappen oder Canapés wählt man die gerade Anrichteweise. Möchte man mehrere Happen unterbringen, empfiehlt sich die V-förmige Legeweise.

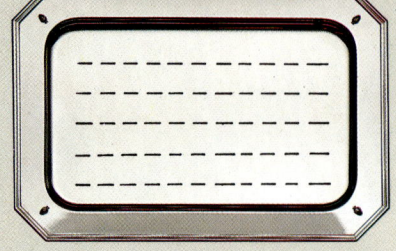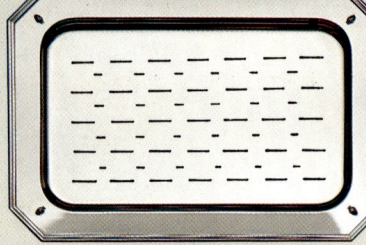

Anrichteweise auf „Luke"

Geradlinige Anrichteweise auf rechteckiger und ovaler Platte

V-förmige Anrichteweise

Cocktailhappen mit Käseigel (siehe Rezeptteil). Auf einer ovalen Platte wurde als Mittelpunkt ein Käseigel gewählt. Rechts und links davon sind Roastbeeföllchen und Salamitüten angeordnet.

Canapés und Cocktailhappen auf rechteckiger Platte

115

MEDAILLONS UND COCKTAILS

MEDAILLONS

Medaillons sind kleine Leckereien, die als Vorspeisen, für kalte Platten und Büffets verwendet werden können.
Medaillons werden aus Filets vom Rind, Kalb oder Schwein zubereitet und mit Gemüsen und Cremes verziert.
Medaillons aus Meeresfrüchten lassen sich ebenfalls dekorativ anrichten und passen besonders gut zu frischem Gemüse, vor allem zu Gurken oder frisch zubereiteten Artischockenböden.

COCKTAILS

Das Angebot an speziellen Cocktailgläsern – mit geschliffenen Ornamenten, kobaltblauem Rand oder Goldrand – ist vielfältig. Aber selbst bei einem einfachen Glas ohne besonderen Schmuck braucht man nicht auf einen ansprechenden Rand zu verzichten.
Hier bringt eine Zuckerrandgarnitur – vielleicht mit Speisefarbe bunt eingefärbt – Abwechslung.

Zutaten für Scampifächer auf Artischockenboden

Gefülltes Poulardenbrüstchen (aus dem Feinkostgeschäft) mit Mandarinenfilet, Cocktailkirsche und Angelikaraute auf Ananas

Spargelsträußchen mit Bündnerfleischstreifen auf Salatgurke, Eischeibe und Schinkencreme (siehe Rezeptteil)

Lachsschinkenröllchen mit Spargelspitzen, Cocktailkirschen und Angelikarauten

Schweinemedaillon mit Glanzsauce (siehe Rezeptteil), Geflügellebercreme (siehe Rezeptteil), kandiertem Ingwerstäbchen und Walnuß

Kalbsfilet mit Glanzsauce (siehe Rezeptteil), Geflügellebercreme (siehe Rezeptteil), Mandel und Melonenkugcl

Artischockenboden, Sahnemeerrettich (siehe Rezeptteil), Scampifächer, Dillästchen und Trüffelkreis

Räucheraal mit Dill und Olivenscheiben auf Salatgurke, Eischeibe und Sahnemeerrettich (siehe Rezeptteil)

Matjesheringsröllchen mit Wachteleihälfte und Tomatenknopf auf Salatgurke und Eischeibe

Sardellentrio mit Olivenscheibe und Silberzwiebel auf Salatgurke und Eischeibe

MEDAILLONS UND COCKTAILS

PLATTENAUFBAU

SYMMETRISCHE ANRICHTE-WEISE

Rechts und links vom Mittel-stück werden die Medaillons symmetrisch angeordnet.

Symmetrische Anrichtung

Asymmetrische Anrichtung

Anrichtung im Fischgrätmuster

ANRICHTEWEISE IM FISCH-GRÄTMUSTER

Die Medaillons werden im Fisch-grätmuster angelegt.
Hinweis: Man kann die Medaill-lons gut in einer Linie anordnen, wenn man zwei Messer mit einem langen Zwirnsfaden mit-einander verbindet und die Mes-ser an gegenüberliegenden Sei-ten unter die Platte schiebt und dabei den Faden spannt.

ASYMMETRISCHE ANRICHTE-WEISE

Der Hauptblickfang wird in einer Ecke der Platte angerichtet. Da-zu eignet sich beispielsweise ein Arrangement aus Gemüse, das in Paprikahälfte gefüllt und mit Gurkendreiecken ver-ziert wird. Davor werden die Medaillons asymme-trisch angeordnet.

Platte mit Medaillons in V-förmiger
Legeweise, Blickfang ist ein
Gemüsesalat in Paprika-
hälften mit Gurkenecken

119

MEDAILLONS UND COCKTAILS

ZUCKERRANDGARNITUR

Zunächst etwas Eiweiß oder aufgelösten Aspik in einen Teller geben. Etwas Zucker mit einem Tropfen Speisefarbe vermischen und auf einem weiteren Teller gleichmäßig verteilen.

Das Cocktailglas nun zunächst mit der Öffnung etwa 2 mm tief in das Eiweiß bzw. den Aspik eintauchen. Den Glasrand anschließend etwa 2 mm tief in den Zucker eindrücken und beim Herausnehmen leicht abklopfen.

Hinweis: Rote Zuckerränder sehen bei hellen Cocktails besonders gut aus; ein weißer Zuckerrand paßt hervorragend für dunkle Cocktails. Für die gemischten Blattsalate, Gemüse-, Wild- und Fischcocktails kann man die Gläser auch mit einem Kräuterrand verzieren. Dafür werden die Kräuter sehr fein gehackt und in einem Küchentuch ausgepreßt. Wie oben beschrieben, wird der Glasrand erst in Eiweiß oder Aspik und dann in die trockenen Kräuter getaucht.

Glasrand aus rot eingefärbtem Zucker

Oben: Scampicocktail (siehe Rezeptteil).
Links: marinierter Hummer auf Blattsalat (siehe Rezeptteil)

120

Oben links: Spargelcocktail (siehe Rezeptteil). Daneben: Cocktail mit Riesengarnelen (siehe Rezeptteil). Links: Königsgarnelen in der Melone (siehe Rezeptteil)

Servietten und Papiermanschetten

Serviette für Plattengarnituren

Schwanenhals

Für den „Schwanenhals" wird eine gut gestärkte Serviette verwendet. Für große Platten eignet sich eine Deckserviette, die zur Verstärkung mit Alufolie ausgelegt wird.

Zunächst legt man die beiden oberen Ecken in der Mitte zusammen und drückt die Kanten zu einem glatten Bruch.

Die neu entstandenen äußeren Ecken nun wieder in der Mitte zusammenlegen und die Kanten gut andrücken. Die Ecken danach nochmals nach innen falten.

Die dreimal gefaltete Serviette in der Mitte knicken und die beiden Hälften genau übereinander legen.

Die so gefaltete Serviette in die Mitte eines Handtuches legen und das Handtuch darüberschlagen; die übereinander geschlagenen Enden sollen dabei zum Körper zeigen.

Das Handtuch mit der Serviette auf den Tisch direkt an die Tischkante legen und mit einem Brett beschweren.

Mit der linken bzw. rechten Hand fest auf das Brett drücken und das Handtuch mit der anderen Hand ruckartig zum Körper ziehen. Dadurch entstehen ganz feine Falten in der Serviette.

Den „Schwanenhals" mit den Händen leicht nachformen, danach bis zu zwei Dritteln auffalten und den oberen Garniturteil zu einer Schneckenrosette formen.

Serviette für Schüsselgarnituren

Artischocke

Für die „Artischocke" wird eine gestärkte Serviette verwendet. Zunächst faltet man die vier Ecken der Serviette zur Mitte hin. Die sich ergebenden neuen Ecken werden ebenfalls zur Mitte gefaltet.

Anschließend dreht man die zweimal gefaltete Serviette um und faltet die vier Ecken nochmals zur Mitte. Die äußeren Kanten gut mit der Hand zusammendrücken.

Die Serviette nun mit einer Hand in der Mitte zusammenhalten und mit der anderen Hand die Serviettenspitzen, die sich an der Unterseite ergeben haben, hochziehen. Sind alle vier Spitzen hochgezogen, lassen sich die Zwischenecken noch seitlich herausziehen.

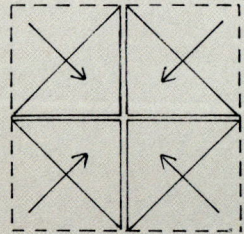

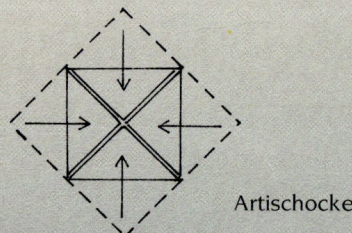

Artischocke

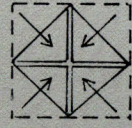

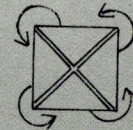

PAPIERMANSCHETTEN

Papiermanschetten eignen sich als Garnitur für Kotelettknochen sowie für Geflügelbrust- und Geflügelschenkelknochen.
Für Papiermanschetten wird starkes weißes Papier verwendet. Hieraus einen etwa 8 cm langen und 4 cm breiten Streifen ausschneiden und diesen der Länge nach in der Mitte zusammenfalten. Das gefaltete Papier an der Bruchseite mit der Schere einschneiden.
Den eingeschnittenen Papierstreifen anschließend spiralförmig um einen Kochlöffelstiel wickeln, der im Durchmesser ungefähr der Stärke des zu garnierenden Knochens entspricht. Das Ende des gewickelten Papierstreifens mit Klebstoff festkleben oder mit einem Streifen Tesafilm befestigen. Die Manschette am unteren Ende mit der Schere geradeschneiden.

Papiermanschetten

Schwanenhals

SÜSSE DEKORATIONEN

GEFORMTES UND GESPRITZTES

Garniertes Muttertagsherz mit Buttercreme überzogen und mit Buttercremeperlen verziert. Die Rosen sind aus gefärbtem Marzipan modelliert. Das Marzipanschriftband trägt einen Gruß aus Schokoladenglasur.

Die Petits fours zum Naschen zwischendurch sind mit weißer Zuckerglasur überzogen und mit filigranen Ornamenten bespritzt.

DER LIEBEN MUTTER

FRUCHTIGES UND FEINES

Als Nachtisch erfreuen die Kleinen ein Birnenigel mit Schokoladensauce auf Mangofrüchten und die Großen ein Bananensplit mit bunter Fruchtgarnitur und Sahnehauben. Zum abschließenden Kaffee reicht man Kekse mit gefärbter Zuckerglasur und kandierten Früchten, Petits fours mit Marzipanfiguren und Spritzglasur oder eine exotische Obsttorte mit kreisförmig aufgelegten Früchten und gespritztem Sahnerand.

Süsse Dekorationen

Fruchtiges und Cremiges

In der warmen Sommerzeit erfrischen Obsttörtchen mit gespritzter Sahne oder gebackenen Teigformen, fruchtige Sahnegarnituren mit Zuckerstreusel und frischen Erdbeeren, Moh-renköpfe mit Zuckerglasur und „spritzigen" Gesichtern oder eine Vanillebombe mit Buttercremeperlen und Schokoladenornamenten.

Süsse Dekorationen

Erlesenes und Festliches

Für große Feiern mit vielen Gästen sind aufwendigere Dekorationen angebracht. Die 3stök-kige Hochzeitstorte ist mit zarter Buttercreme überzogen und mit zahlreichen weißen Perlen aus Buttercreme verziert. Auf jeder Terrasse blühen rosafarbene Marzipanblüten mit silbernen Liebesperlen.

Die Kirsch-Kuppeltorte ist mit geschlagener Sahne und feiner Borkenschokolade bedeckt. Blickfang sind 2 Cocktailkirschen mit Stielen auf einem Puderzuk-kerrondell.

Die auserlesene Rankentorte wird zuerst mit Zitronenglasur ummantelt. Je nach Jahreszeit und Anlaß kann man mit gefärb-ter Zuckerglasur Weidenzweige oder andere Motive aus der Natur aufspritzen.

CREMEGARNITUREN

DEUTSCHE BUTTERCREME

½ l Milch, 1 Päckchen Vanille-Pudding-Pulver, 50 g Zucker, 2 Eidotter, 1 Gläschen Orangenlikör, 350 g Butter.

¾ der Milch in einen Topf geben und zum Kochen bringen. Das Pudding-Pulver mit der restlichen Milch klumpenfrei anrühren und in die kochende Milch ziehen. Den Zucker einrühren und nach Anweisung den Pudding kochen. Vom Feuer nehmen und leicht erkalten lassen. Die Eidotter und den Orangenlikör unter den Pudding ziehen und erkalten lassen.

In der Zwischenzeit die zimmerwarme Butter im Rührgerät 15 Minuten weiß-schaumig schlagen. Anschließend den Pudding unterziehen.

FRANZÖSISCHE BUTTERCREME

3 ganze Eier, 4 Eidotter, 150 g Zucker, 1 Päckchen Vanillezucker, 1 Gläschen Orangenlikör, 350 g Butter.

Die Eier mit dem Eigelb in eine feuerfeste Schüssel geben. Den Zucker, den Vanillezucker und den Orangenlikör darunterschlagen, bis eine dicke Creme entstanden ist. Vom Feuer nehmen und so lange rühren, bis die Creme erkaltet ist. In der Zwischenzeit die Butter mit dem Rührgerät in 15 Minuten weißschaumig schlagen und anschließend die Eiercreme darunterziehen.

EINGEFÄRBTE BUTTERCREME

Buttercreme läßt sich sowohl farblich als auch geschmacklich vielfach abwandeln. Es muß jedoch darauf geachtet werden, daß alle Zutaten, die zum Färben oder zur Geschmacksveränderung verwendet werden, Zimmertemperatur haben bzw. pulverfein gemahlen sind, bevor sie mit der Creme vermischt werden.

Zum Braunfärben von Buttercreme eignen sich Nougat, Schokolade oder mit Rum aromatisierter Kaffee.

Fruchtpürees aus Erdbeeren oder Himbeeren sowie feingemahlene Nüsse, wie Haselnüsse oder Pistazien, ergeben hübsche Farben und einen leckeren Geschmack.

Wahl-
weise mit
Loch- oder
Sterntüllen ge-
spritzte Verzierun-
gen für Torten und
Cremeschnitten

ARBEITSGERÄTE

Für die Garnituren wird ein
Spritzbeutel benötigt, dazu als
Grundausstattung Sterntüllen in
den Größen 5, 7 und 9 sowie
Lochtüllen in den Größen 6, 8
und 10. Die starken Tüllen 9 und
10 werden speziell für Sahnetor-
ten verwendet.

FORTLAUFENDE RANDGARNIERUNG

Für die Randgarnierung wird
eine Lochtülle Stärke 8 oder
eine Sterntülle Stärke 7 benötigt.

TUPFENRAND

Die Creme aus dem Beutel
drücken, bis die gewünschte
Tupfengröße erreicht ist. Dann
aufhören zu drücken und die
Tülle nach oben wegziehen.

PERLRAND

Die Creme aus dem Beutel
drücken, bis die gewünschte
Perlengröße erreicht ist. Dann
nur noch leicht drücken und die
Tülle nach vorne wegziehen.

PERLRAND VERSETZT

Die gleiche Spritzweise wie beim
Perlrand anwenden, nur daß die
Tülle abwechselnd nach links
und nach rechts weggezogen
wird.

RAUPENRAND

Gleichmäßige Ringe spritzen, die
sich spiralförmig nach vorne
fortsetzen.

SO HÄLT MAN DEN SPRITZBEUTEL

Der Spritzbeutel wird am unteren Ende zwischen Daumen und
Zeigefinger der linken bzw. rechten Hand gehalten und mit der-
selben Hand geführt. Mit der
rechten bzw. linken Hand hält
man den Beutel oben zusammen und drückt die Buttercreme
aus der Garniertülle.

CREMEGARNITUREN

GARNIERUNGEN FÜR EINZELNE TORTENSCHNITTEN

Für die folgenden Garnierungen können die Tüllenstärken 6 und 8 verwendet werden.

Zuerst den Mittelbalken spritzen, dann die beiden Nebenbalken.

Zuerst den langen Balken spritzen, dann die beiden kleineren. Zum Schluß den runden Garniturpunkt aufspritzen. Mit Schokoladenblättchen, Nüssen oder Pistazien verzieren.

Zuerst die beiden Balken spritzen, dann die Tupfen in die Mitte dazwischen.

Das Törtchen umdrehen, ein großes L spritzen und auf die Schleife die Garnitur setzen.

Ein schlankes S spritzen. Hier paßt eine Garnitur in die untere Schleife. Für diese Verzierung ist auch eine Sterntülle geeignet.

Zwei Halbschleifen gegeneinander spritzen. Wo sie zusammentreffen, kann eine Garnitur aufgelegt werden.

Ein Z spritzen. Eine Garnitur kann in den größeren Zwischenraum gesetzt werden.

Hinweis: Für diese Verzierungen kann auch steifgeschlagene Sahne verwendet werden.

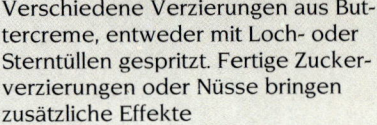

Verschiedene Verzierungen aus Buttercreme, entweder mit Loch- oder Sterntüllen gespritzt. Fertige Zuckerverzierungen oder Nüsse bringen zusätzliche Effekte

Schokoladen- und Zuckerglasur

Schokoladen-glasur

Für die Schokoladenglasur wird in der Backstube in erster Linie Kuvertüre verwendet. Achten Sie beim Einkauf darauf, daß Sie nicht die einfache Blockschoko-lade bekommen. Diese Schoko-lade ist zu mager und muß deshalb mit Kakaobutter oder Kokosfett angereichert werden. Kuvertüre gibt es in verschiede-nen Geschmacksvarianten, ob Vollmilch oder Zartbitter.
Man kann für die Glasur auch normale Schokolade verwen-den. Sie besteht aus Kakaomas-se sowie Zucker und wird zum Teil auch unter Zusatz von Ka-kaobutter hergestellt. Teilweise werden der Schokolade auch Milch, Sahne oder aromatisie-rende Zutaten hinzugefügt.

Temperieren (Verflüssigen)

Die Kuvertüre in eine trockene Schüssel geben und diese in ein warmes Wasserbad stellen. Die Schüssel nie direkt auf eine Flamme oder die warme Herd-platte stellen, da die Kuvertüre leicht anbrennt.
Sobald sich die Kuvertüre voll-ständig aufgelöst hat, stellt man sie an einen kühlen Ort und läßt sie gerade so weit abkühlen, daß sie zu erstarren beginnt. Das ist der Augenblick, in dem man die Kuvertüre wieder ganz vorsichtig erwärmen muß.
Dazu die Schüssel ab und zu ins warme Wasserbad stellen und die Kuvertüre unter ständigem Rühren auf 32°C (Schmelzpunkt der Kakaobutter) erwärmen.

Hinweis: Beim Erwärmen von Kuvertüre über 34°C trennt sich die Kakaobutter von der Kakao-masse und schwimmt an der Oberfläche der Kuvertüre.
Läßt man die Kuvertüre nun er-kalten und dadurch fest werden, nimmt die obenauf schwimmen-de Kakaobutter beim Festwer-den eine weiße Farbe an. Dies hat allerdings nichts mit einer Qualitätsminderung zu tun.

Messerspitzenprobe

Um wirklich sicher zu gehen, daß die Kuvertüre den richtigen Schmelzpunkt erreicht hat, eine Messerspitze in die Kuvertüre tauchen und etwas davon auf-nehmen.
Das Messer beiseite legen und die Kuvertüre erstarren lassen (am besten im Kühlschrank). Wird die Kuvertüre nach 2–3 Mi-nuten fest, dann ist die richtige Temperatur erreicht.

ZUCKERGLASUR

Bei der Zuckerglasur unterscheidet man grundsätzlich in zwei verschiedene Grundrezepte. Für die Eiweißglasur werden etwa 200 g gesiebter Puderzucker mit einem Eiweiß verrührt.
Für die gekochte Glasur werden 200 g Puderzucker mit 2–3 Eßlöffel kochendem Wasser angerührt. Beide Glasuren werden durch ein feines Sieb gestrichen, damit sie glatt werden und keine Klümpchen bilden. Anschließend mit einem feuchten Tuch abdecken, damit sich keine Haut bildet.

Hinweis: Durch die Zugabe von Aromaträgern lassen sich die Zuckerglasuren geschmacklich und farblich variieren. Eine kräftigere Farbe erreicht man durch Lebensmittelfarben.

ARBEITSGERÄTE

Mit Hilfe eines Spatels, eines Messers und verschiedenen Ausstechförmchen wird die Schokolade in die entsprechende Verzierung verwandelt.

SPRITZTÜTE FÜR FEINE LINIEN

Ein rechteckiges Stück Pergamentpapier diagonal falten und an der Falzkante mit einem scharfen Messer durchschneiden. Das dreieckige Stück Papier zwischen Daumen, Zeige- und Mittelfinger halten und mit dem anderen Zeigefinger sowie dem Daumen an den beiden Enden der stumpfen Seite beginnend nach innen eindrehen, so daß die Form eines Tütchens entsteht.

DIE SPRITZGLASUR EINFÜLLEN

Die Pergamentspritztüte zum Einfüllen der Glasur in einen Flaschenhals stecken, damit sie nicht umkippt.
Die Tüte nur bis gut zur Hälfte mit der jeweiligen Spritzglasur füllen.
Man drückt die hohe hintere Papierspitze nach vorne, faltet die rechte und linke Seite nach innen und rollt die eingefalzten Tütenenden auf, bis die Papierrolle einen Druck auf die eingefüllte Glasur ausübt.
Die Tütenspitze mit einer Schere in der gewünschten Stärke abschneiden. Schneidet man wenig ab, wird der Glasurfaden dünn – umgekehrt wird der Glasurfaden stärker, wenn man mehr von der Tütenspitze entfernt.

SCHOKOLADEN- UND ZUCKERGLASUR

Wie vielseitig die Schokoladen- und Zuckerglasur für die Ornamente verwendet werden kann, zeigen die folgenden Seiten. Es ist ganz einfach.

MUSTER FÜR EIN TORTENSTÜCK

Ein bekanntes Ornament, das sehr häufig für die festlichen Torten verwendet wird, ist die folgende Schokoladenform. Die Glasur wird in ein Pergamenttütchen gefüllt und eine auseinan-

dergezogene flache Schleife gespritzt. Auf die erste wird nun eine höhere, breitere Schleife aufgetragen. Den Abschluß bildet dann eine hohe, spitze Haube, die die Schleifchen miteinander verbindet.

HERSTELLUNG DER SCHOKOLADENORNAMENTE

Zur Herstellung dieser kleinen Wunderwerke braucht man ein Stück Papier, auf das zuerst die gewünschte Form mit einem schwarzen Filzstift aufgezeichnet wird. Nun wird ein Bogen Pergamentpapier daraufgelegt.
Die Glasur in ein Papiertütchen füllen und die durchscheinenden Linien mit der Glasur nachspritzen. Erst nach dem vollständigen Festwerden löst man die Ornamente mit einem scharfen Messer ab.
Hinweis: Zum Herstellen von Schokoladenornamenten nur eine gut temperierte Kuvertüre verwenden. Wenn die Kuvertüre beim Aufspritzen stark verläuft, kann man einen Tropfen Wasser hinzufügen. Aber Vorsicht, durch

das Wasser wird die Kuvertüre immer fester.

AUFBEWAHREN DER SCHOKOLADENORNAMENTE

Wer sich nicht jedesmal die Mühe machen will, die Ornamente von neuem zu spritzen, der kann auf Vorrat arbeiten. Die auf Pergamentpapier gespritzten Formen werden schichtweise in eine Blech- oder Plastikdose gelegt und dann luftdicht verschlossen. Der Lagerplatz muß eine Temperatur von 10–15 Grad haben, denn die Schokolade darf nicht zerlaufen. So verpackt und gelagert hält sich die Schokolade mehrere Wochen.
Eine andere Möglichkeit ist das Einfrieren. Hier werden die Formen schichtweise in einer verschlossenen Gefrierbox gefrostet.
Hinweis: Nicht nur für Torten eignen sich diese Schokoladengarnituren. Für kleine Törtchen, Schnittchen, Pralinen oder für Dessertspeisen sind sie ein Augenschmauß. Wer will, kann die Ornamente auch mit Zuckerglasuren aufspritzen.

Schokoladenverzierungen für Tortenränder oder Petits fours

Gespritzte Schokoladenornamente für petits fours, Torten oder Cremes

SCHOKOLADEN- UND ZUCKERGLASUR

KUVERTÜRE AUSSTREICHEN

Etwas temperierte Kuvertüre auf ein Stück Pergamentpapier geben und mit einem glatten Messer gleichmäßig stark ausstreichen.
Solange die Kuvertüre noch flüssig ist, kann man auch etwas bunten Zucker darüberstreuen. Die Kuvertüreschicht nun fest werden lassen – aber nicht so fest, daß sie bricht.
Die erstarrte Kuvertüre kann jetzt zurechtgeschnitten oder mit verschiedenen Formen ausgestochen werden.

AUSGESTOCHENE FIGUREN

Die gewählten Ausstechförmchen vor dem Ausstechen immer kurz in heißes Wasser tauchen. Die Schokoladenornamente vorsichtig ausstechen. Die ausgestochenen Formen nach dem vollständigen Erstarren der Kuvertüre aus der Schokoladenschicht herausbrechen. Zum Ausstechen gibt es Standardförmchen mit verschiedenen Motiven. Sie können für Kuvertüre (Schokolade), Marzipan, Trüffel und Aspik verwendet werden.

SCHOKOLADENTÄFELCHEN

Die temperierte Kuvertüre auf ein Stück Pergamentpapier gießen und mit einer Palette oder einem Messer etwa 3 mm dick ausstreichen und an einem kühlen Ort erstarren lassen.
Mit einem angewärmten Messer (kurz über eine Gasflamme halten oder auf die warme Herdplatte legen) in die gewünschte Form schneiden.

Zurechtschneiden

Ausstechen

Petits fours mit gespritzter Schokoladenverzierung und Eisbombe mit Cremegarnitur und gespritzten sowie ausgestochenen Dekorationen aus Schokolade

Kombinationen von Marzipanverzierung und Zuckerglasur für verschiedene Anlässe. Petit fours mit Schokoladenüberzug und Zuckerglasurornamenten. Unten: Cremerolle mit Cremetupfen und ausgestochenen Schokoladenformen

MARZIPAN

MARZIPANROHMASSE

Marzipanrohmasse, die man fertig kaufen kann, besteht aus zwei Teilen süßen Mandeln und einem Teil Zucker. Für die Verarbeitung zum Verzieren kann sie mit der gleichen Menge feingesiebtem Puderzucker vermischt werden. In 100 g Marzipanrohmasse sollten vor der Weiterverarbeitung jedoch immer mindestens 50 g Puderzucker gemischt werden.

Hinweis: Das mit Puderzucker vermischte Marzipan trocknet leicht aus. Deshalb sollte es nur in der gewünschten Menge zubereitet und rasch verbraucht werden.

GEFÄRBTES MARZIPAN

Zum Färben das Marzipan mit dem Handballen flachdrücken und die gewünschte Speisefarbe oder etwas Kakao auf die Mitte geben. Das Marzipan anschließend von den Seiten her zur Mitte hin umschlagen und leicht kneten, bis es gleichmäßig gefärbt ist.

ARBEITSGERÄTE

Mit dem Messer sowie verschiedenen Ausstechförmchen und speziellen Holzspateln läßt sich das Marzipan dekorativ modellieren.

FIGUREN AUSSTECHEN

Zum Ausstechen von Figuren mit verschiedenen Förmchen wird das mit Puderzucker angereicherte Marzipan etwa 4 mm dick ausgerollt. Damit das Marzipan nicht an der Arbeitsfläche hängenbleibt, bestreut man diese mit etwas Puderzucker – nie Mehl dazu verwenden!
Zum Ausstechen des Marzipans können die gleichen Förmchen benutzt werden wie für die Schokoladenornamente (siehe Seite 136).

TIERE AUS MARZIPAN

Die Körper der Tiere formt man aus einem 1 cm dicken und 5 cm langen Marzipanwürstchen. Für die Beine wird das Würstchen etwa 1 cm vorne und hinten eingeschnitten. Für den Kopf rollt man ein Marzipanstück tropfen- bzw. kugelförmig. Die einzelnen Marzipanteile werden mit Zuckerwasser zusammengeklebt.

KATZE

Die Vorderfüße von oben leicht einschneiden, damit die Katze Krallen bekommt. An dem kugelförmigen Kopf werden die Ohren mit Mandelsplittern, die Augen und Schnurrhaare mit Schokoladenstreuseln, die Nase und der Schwanz mit rotgefärbtem Marzipan dargestellt.

HASE

Beim Hasen wird der tropfenförmige Kopf für die Ohren mit der Schere eingeschnitten. Punkte aus Schokoladenspritzglasur bilden die Augen. Der Schwanz ist aus Angelika oder Orangeat geschnitten. Als Ohren dienen zwei halbe Mandeln.

MAUS

Für den Körper der Maus wird ein etwa 5 cm langes und 1 cm dickes Marzipanwürstchen in Birnenform modelliert. Die Augen sind Punkte aus Schokoladenspritzglasur, Mäulchen und Schwanz aus rotgefärbtem Marzipan.

Ausstechen

Einzelteile aus geformtem Marzipan für verschiedene Tiere: Katze, Hase, Maus

Links: ausgestochene Marzipanformen mit Schokoladenverzierung, Nüssen und Angelikarauten. Rechts: Marzipanzopf mit Krokant und Tiere aus Marzipan

143

MARZIPAN

WEITE TÜTE

Mit dem Rosettenausstecher einen gewellten Kreis ausstechen. Diesen bis zur Mitte mit dem Messer einschneiden und die beiden Schnittenden gegeneinander verdrehen, so daß eine Tüte entsteht. Diese Tüte mit einem Walnußkern verzieren.

SPITZE TÜTE

Mit einem Rosettenausstecher einen Kreis ausstechen und vom Mittelpunkt ausgehend ein Dreieck ausschneiden. Die beiden Schnittenden gegeneinander verdrehen, so daß eine spitze Tüte entsteht.
Die Tüte mit Buttercreme füllen und als Garnitur eine kandierte Belegkirsche daraufsetzen.

MARZIPANROSE

Als Innenteil der Rose dient ein „Stempel", der aus einer Marzipankugel modelliert wird. Für die Blütenblätter werden etwa 7 bis 9 Teile benötigt. Dafür rollt man Marzipankugeln mit einem Durchmesser von etwa 1 cm, legt diese auf die mit Puderzucker bestäubte Arbeitsfläche, drückt jede Kugel mit dem Finger flach und zieht mit dem Finger oder einer Palette den äußeren Rand der Marzipanscheibe zu einem dünnen Blütenblatt. Diese Blätter werden dann einzeln, jeweils versetzt um den Stempel gewickelt und an der unteren Stempelseite angedrückt. Zum Schluß wird die Rose am Stempel abgeschnitten.

MARZIPANBLÄTTER

Für die Laubblätter das Marzipan etwa 4 mm dick ausrollen und die Blätter mit einem Messer ausschneiden.
Als Vorlage kann man sich eine Schablone aus Karton anfertigen. Die Blattmaserung wird mit dem Messer eingedrückt.
Die fertigen Laubblätter über einen Kochlöffelstiel legen und leicht in Form ziehen.
Für andere Blattformen mit dem Rosettenausstecher einen gezahnten Kreis ausstechen und die beiden Hälften mit etwas Eiweiß zusammendrücken.

MARZIPANBLUME

Für die Blüte aus gelb eingefärbter Marzipanmasse entweder 9 runde oder 1 rundes und 8 ovale Blättchen ausstechen. Für beide Blütenvarianten werden zwei Blätter und ein Stiel aus grün eingefärbter Marzipanmasse ausgeschnitten.

Teile für eine Marzipanrose

Marzipanblatt

Tüten aus Marzipan

Marzipanblätter lassen sich über einem mit Puderzucker bestäubten Kochlöffelstiel hübsch formen

Marzipanblume aus ausgestochenen Kreisen

Verschiedene Blumenmotive
aus Marzipan, die sich als
Randverzierung oder auch als
Dekoration für die Mitte einer
Torte eignen

145

MARZIPAN

WEIHNACHTSBAUM

Der Stern wird mit dem entsprechenden Ausstechförmchen ausgestochen.

Den Baum zeichnet man auf Karton vor, schneidet ihn aus und fährt die Konturen der Schablone auf dem 4 mm dick ausgerollten Marzipan nach.

Die Kerzen bestehen aus einem rechteckigen Kerzenkörper und dem Kerzenschein aus gefärbtem Marzipan.

Den Ständer für den Baum bildet eine halbe ausgestochene Rosette.

BUCH MIT SCHRIFT

Das Buch wird auf Karton vorgezeichnet und ausgeschnitten. Die Schablone legt man auf etwa 4 mm dick ausgerolltes Marzipan und fährt die Konturen mit einem spitzen Messer nach.

Das Buch wird mit einem Kreuz und einer Kerze dekoriert.

Das Schriftband wird mit zwei verschieden großen runden Ausstechern ausgestochen. Der so entstandene Kreis wird halbiert und die Enden jeweils zu zwei Spitzen geschnitten.

GLÜCKSBRINGER

Das Hufeisen wird aus etwa 8 mm starkem Marzipanband ausgeschnitten.

Die Würfelchen werden als Quadrate aus der Marzipanmasse ausgeschnitten. Die Grundseite entspricht genau der Höhe des Teigs. Die Punkte sind Tupfen aus Spritzglasur.

Der Schneemann besteht aus zwei unterschiedlich großen Kugeln, seine Arme aus kleinen Marzipanwürstchen. Der Hut wird aus einem kleinen Marzipanzylinder modelliert, bei dem man mit Daumen und Zeige-

finger eine Krempe zurechtdrückt. Die Nase besteht aus gelb eingefärbtem Marzipan, die Knöpfe und Augen werden aus gefärbtem Marzipan geformt.

MARZIPANSCHRIFT

Zunächst wird ein Untergrund für die Schrift vorbereitet. Dazu sticht man eine große Rosette oder schneidet ein Schriftband. Für die Buchstaben wird das Marzipan etwa 3 mm dick ausgerollt und mit dem Lineal und einem glatten Teigrädchen in etwa 6–8 mm breite Streifen geschnitten.

Die Streifen hochkant stellen und die entsprechenden Zahlen oder Buchstaben formen und diese dann mit dem Messer abschneiden.

Die Buchstaben können an der Oberkante zusätzlich verziert werden.

KERZE AUS MARZIPAN

Die Marzipankerze läßt sich mit eingefärbtem Marzipan immer wieder anders gestalten. Der Kerzenkörper ist ein rechteckiges Marzipanstück. Der „Kerzenschein" wird aus ungefärbtem Marzipan ausgestochen. Die Flamme sticht man aus gelb eingefärbtem Marzipan aus.

Der Weihnachtsbaum und das Buchmotiv werden aus ausgerolltem Marzipan ausgeschnitten

Tannenbaumschablone

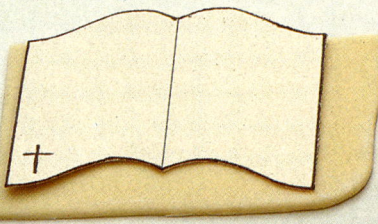

Buchschablone

Schriftband

Aus verschieden dick ausgerolltem Marzipan lassen sich viele Figuren formen

Glücksbringer

Marzipanschrift mit aufgespritzten Punkten aus Schokoladenglasur

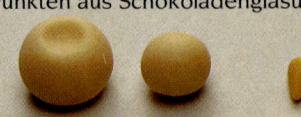

Teile für den Schneemann aus Marzipan

Kerzen und Stern aus gefärbtem Marzipan für den Weihnachtsbaum

Motive aus Marzipan für verschiedene Anlässe. Das Marzipan wird dazu
unterschiedlich dick ausgerollt und
anschließend ausgeschnitten oder
ausgestochen. Zusätzliche Effekte
erzielt man durch gefärbtes Marzipan

Zur 1. hl. Kommunion

Frohe Weihnachten

PUDERZUCKER UND KAKAO

STREIFENMUSTER

Zunächst sechs bis acht etwa
1 cm breite Streifen aus Pergamentpapier zuschneiden. Diese
Streifen müssen insgesamt etwa
10 cm länger sein als der Durchmesser des Kuchens.
Die Streifen entweder zickzackförmig, parallel oder über Kreuz
auf den Kuchen legen und bestäuben.
Die Papierstreifen anschließend
an beiden Enden anfassen und
vorsichtig senkrecht vom Kuchen heben, damit das entstandene Muster nicht verwischt.

BLATTMUSTER

Ein besonders reizvolles Muster
ergeben kleine gepreßte, schön
geformte Blätter und Blüten, die
man vor dem Bestäuben auf
den Kuchen legt.

ANDERE MUSTER

Auch andere Muster, beispielsweise Kreise, Spiralen, Rhomben
oder kleine Phantasieformen
lassen sich aus Pergamentpapier
zuschneiden und als Schablone
zum Bestäuben verwenden.

ARBEITSGERÄTE

Mit der Schere werden die
Schablonen zugeschnitten.
Durch feine Haarsiebe stäubt
man Puderzucker oder Kakao
gleichmäßig auf den Kuchen.

Mit Hilfe von Schablonen aus Papier
oder mit gesäuberten Blättern und
durch Aufstäuben von Puderzucker
oder Kakao lassen sich zarte Muster
auf Kuchen und Cremes zaubern

FERTIGE BACKVERZIERUNGEN

MARZIPANFRÜCHTE

sind mit Speisefarbe gefärbt und werden als Tortendekoration verwendet.

ZUCKERSTREUSEL

gibt es als kleine bunte Kügelchen oder Röhrchen. Sie eignen sich als Verzierung für Desserts, Gebäck und für Schokoladenornamente.

GELEEFRÜCHTE

sind Zuckerverzierungen mit einer weichen, elastischen Konsistenz. Man kann damit hübsche Muster auf Kuchen, Kleingebäck oder Desserts legen.

DRAGEES UND SALMIS

sind glänzende, farbig beschichtete Zuckerverzierungen. Sie eignen sich als Dekoration für Torten zu ganz besonderen Anlässen, beispielsweise für Hochzeitstorten.

ZUCKERBLUMEN

sind harte Blumenformen aus Zucker. Es gibt sie in verschiedenen Größen und Farben. Zuckerblumen sind als Kuchenverzierungen sehr beliebt.

FERTIGE SCHOKOLADEN-VERZIERUNGEN

werden als Dekoration für Torten, Kuchen, Gebäck oder Desserts verwendet.

KANDIERTE FRÜCHTE,

beispielsweise ganze Kirschen oder Orangenscheiben, eignen sich als Verzierung von Cremeschnitten und -torten.

Kekse mit kandierten Früchten und
Zuckerblumen

Besondere Kuchenformen werden
durch bunte Dekorationen zusätzlich
betont.

151

REZEPTE

Hinweis: Falls nicht anders angegeben, sind die Rezepte für 4 Personen berechnet.

BRANDTEIG-FÜLLUNGEN

BASILIKUMCREME

200 g Doppelrahm-Frischkäse, 2 EL Tomatenmark, 4 EL Weißwein, ½ Bund Basilikum, Salz, Pfeffer, 1 Prise Zucker, einige Tropfen Zitronensaft, einige Tropfen Worcestersauce

1. Den Doppelrahm-Frischkäse in eine Schüssel geben und mit einer Gabel zerdrücken.
2. Das Tomatenmark und den Weißwein dazugeben und alles zu einer geschmeidigen Creme verarbeiten.
3. Das Basilikum verlesen, waschen, fein hacken und unter die Creme ziehen.
4. Mit Salz, Pfeffer, Zucker, Zitronensaft und Worcestersauce würzen.

ROQUEFORTQUARK

100 g Roquefort, 250 g Magerquark, 3 EL Crème fraîche, Salz, Pfeffer, einige Tropfen Worcestersauce, einige Tropfen Zitronensaft und Cognac

1. Den Roquefort in eine Schüssel geben und mit einer Gabel fein zerdrücken.
2. Den Magerquark und die Crème fraîche dazugeben und alles zu einer geschmeidigen Creme verschlagen.
3. Mit Salz, Pfeffer, Worcester, Zitronensaft und Cognac würzen.

SENFCREME

1 Becher Crème fraîche, 2 EL mittelscharfen Senf, 2 EL Obstessig, 1 EL Zitronensaft, Salz, Pfeffer, 1 Prise Zucker, einige Tropfen Cognac

1. Die Crème fraîche mit dem Senf in einer Schüssel verrühren. Den Obstessig und den Zitronensaft daruntergeben und alles zu einem Schaum aufschlagen.
2. Mit Salz, Pfeffer, Zucker und Weinbrand würzen.

COCKTAILS

COCKTAIL MIT RIESENGARNELE

12 Riesengarnelen, verschiedene exotische Früchte, 8 EL Joghurt oder Crème fraîche.
Für die Garnitur:
8 Spargelspitzen, 4 Olivenscheiben, Blattsalate für die Verzierung

1. Für einen Cocktail zwei Riesengarnelen kleinschneiden und die dritte als Garnitur verwenden.
2. Die Früchte schälen und in mundgerechte Stücke zerteilen.
3. Die kleingeschnittenen Garnelen und die Früchte miteinander vermischen. Je 2 TL Joghurt oder Crème fraîche darunterheben.
4. Die Mischung in ein Cocktailglas füllen, mit Spargelspitzen, Olivenscheibe und mit Chicorée, Eichblattsalat und Zitronenecke verzieren.

MARINIERTER HUMMER AUF BLATTSALATEN

500 g gehacktes Hummerfleisch, 2 cl Cognac, 1 Prise Salz, 75 g in Scheiben geschnittene Steinpilze, 100 g Blattsalat (Eichblatt, Radicchio, Feldsalat, Chicorée), 100 g Früchte (Kiwi, Melonenkugeln, Mandarinenfilets, Ananas), 2 EL Estragonessig, 2 EL Sesamöl, 320 g Cocktailsauce (fertig gekauft), 2 cl Amaretto.

Für die Garnitur:
Spargelspitzen, Gartenkresse

1. Die Hummerteile in Stücke schneiden und mit dem Cognac und dem Salat marinieren.
2. Die Steinpilze, den Blattsalat und die Früchte auf Tellern dekorativ anrichten.
3. Den Salat mit Estragonessig und Sesamöl beträufeln und leicht salzen.
4. Die Hummerstücke darauf verteilen und mit der mit Amaretto aromatisierten Cocktailsauce überziehen.
5. Mit den Spargelspitzen und der Kresse dekorieren und servieren.

KÖNIGSGARNELEN IN DER MELONE

12 Königsgarnelen à 60 g, 2 cl Cognac, 1 Prise Salz, 100 g gemischte Früchte (Melonenkugeln, Kiwi, Ananas), 75 g Champignons (in Scheiben geschnitten), 350 g Cocktailsoße (fertig gekauft), etwas Cognac nach Geschmack.

Für die Garnitur:
2 mittelgroße Melonen (Ogen oder Gallia), 1 große Kiwi, Blattsalate, 12 weiße Spargelspitzen, Dillzweig

1. Von den geputzten Riesengarnelen die drei schönsten Exemplare als Garnitur beiseite legen und der Länge nach halbieren. Die übrigen Riesengarnelen kleinschneiden, mit dem Cognac und etwas Salz marinieren und die Früchte sowie die Champignons dazugeben. Alle Zutaten gut mit der Cocktailsauce vermischen.
2. Die Melonen halbieren und die Kerne mit einem Eßlöffel entfernen.

3. Das Melonenfruchtfleisch mit einem Grapefruitmesser von der äußeren Schale lösen und sternförmig in acht Teile schneiden. Diese in der Melone lassen.
4. Den Hummersalat in die Melone füllen und abwechselnd mit hellen und dunklen Salatblättern sowie zwei Spargelspitzen garnieren.
5. Der Rand der Melone kann zusätzlich mit Melonenkugeln verziert werden und mit einem Dillzweig garniert werden.

REZEPTE

SCAMPICOCKTAIL

250 g Scampi (Tiefkühlware),
1 Prise Salz, 2 cl Cognac, 75 g
Champignons, 100 g gemischte
Früchte (Melonenkugeln,
Ananas, Pfirsich oder Mandarinen), 320 g Cocktailsauce (fertig
gekauft).
Für die Garnitur:
1 Bund Dill, 6 gefüllte grüne
Oliven, 60 g Sahnemeerrettich,
1 Zitrone

1. Die tiefgekühlten Scampi immer in kaltem Wasser auftauen.
Die Scampi anschließend zwischen den Händen auspressen.
2. Die Scampi in eine Schüssel
geben und mit einer Prise Salz
und dem Cognac vermischen.
Etwa zwei Stunden zugedeckt
ziehen lassen.
3. Sechs schöne Scampi als
Garnitur beiseite legen.
4. Die übrigen Zutaten zu den
marinierten Scampi geben und
alles miteinander vermischen.

5. Pro Portion ein Cocktailglas
mit Zuckerrand (siehe Seite 120)
vorbereiten. Den Scampisalat
gleichmäßig auf die Gläser verteilen.
6. Mit dem Spritzbeutel und
Lochtülle Nr. 7 einen größeren
Tupfen Sahnemeerrettich auf
den Salat spritzen und darauf je
einen der beiseite gelegten
Scampi geben.
7. Die Garnitur besteht aus
einem Dillästchen und zwei
Scheiben Oliven sowie einer
seitlich an das Glas gehängten
Zitronenecke oder einer
Zitronenscheibe.
8. Als Garnitur kann zusätzlich
ein dunkles Blatt Eichblattsalat
oder Radicchio und ein helles
Blatt Frisée oder Chicorée in
das Glas gesteckt werden.

Hinweis: Bei der Garnitur mit
Salatblättern darauf achten, daß
abwechselnd ein helles und ein
dunkles Blatt nebeneinander
sind, damit ein Kontrast entsteht.

SPARGELCOCKTAIL

360 g Cocktailsauce (fertig
gekauft), 1 kg frischer Spargel,
einige Spritzer Tabasco, 1 kleines Glas Mangochutney oder
Mangoscheiben, 6 Cocktailkirschen mit Stiel

1. Jedes Cocktailglas mit je zwei
Eßlöffeln Cocktailsauce füllen.
2. Die geschälten und gekochten Spargelstangen zweimal
durchschneiden, so daß aus
einer Stange drei Teile entstehen. Die Spargelstücke gleichmäßig auf die Cocktailgläser verteilen. Dabei sollen die Spargelspitzen obenauf liegen.
3. Als Blattsalatgarnitur dem
Kontrast entsprechend dunkle
und helle Salatblätter an den
Rand des Cocktailglases
stecken. Auf den Spargel etwas
Mangochutney oder eine
Mangoscheibe geben und als
Garnitur die Cocktailkirschen
darauflegen.

Eierfüllungen

Füllung 1

4 Champignons, 1 Scheibe gekochten Schinken, 1 Schalotte, 2 gefüllte grüne Oliven, 1 Prise Salz, frisch gemahlener Pfeffer, 1 Tomate für 6 Tomatenblätter

1. Die Champignons in Scheiben schneiden und die 8 schönsten Scheiben für die Garnitur beiseite legen.
2. Den Rest der Champignons und den gekochten Schinken in Streifen schneiden. Die Schalotte fein würfeln.
3. Die Schalottenwürfel in einer kleinen Pfanne mit etwas Öl glasig dünsten und die Champignon- und Schinkenstreifen dazugeben. Alles gut durchdünsten und mit Salz und Pfeffer würzen. Danach kühl stellen.

Füllung 2

1 Stange Lauch, 1 Schalotte, 16 Scampi, 2 schwarze Oliven, Saft von ½ Zitrone, 1 Prise Salz, frisch gemahlener Pfeffer

1. Von dem Lauch ein Blatt mit dem frischesten Grün abnehmen. Den restlichen Lauch in Streifen schneiden. Es werden etwa zwei gehäufte Eßlöffel benötigt.
2. Einen kleinen Topf mit Salzwasser zum Kochen bringen, das Lauchblatt weich kochen und in kaltem Wasser abschrekken. Die Lauchstreifen ebenfalls etwa eine Minute kochen und in kaltem Wasser abschrecken. Die Lauchstreifen anschließend in ein Sieb geben und abtropfen lassen.
3. Die abgetropften Lauchstreifen in eine Schüssel geben und die in feine Würfel geschnittene Schalotte hinzufügen.
4. Von den Scampi die vier schönsten heraussuchen und für die Garnitur beiseite legen. Die restlichen Scampi eventuell halbieren und zu den Lauchstreifen geben. Mit Zitronensaft, Salz und Pfeffer abschmecken.

Füllung 3

4 Scheiben Räucherlachs, 1 Schalotte, 1 kleines Gläschen Kaviar, Saft von ½ Zitrone, Öl, frisch gemahlener Pfeffer

1. Die Räucherlachsscheiben stramm zu Röllchen aufrollen und diese auf eine Länge von 3 bis 3,5 cm zurechtschneiden. Diese gleichmäßigen Röllchen für die Garnitur beiseite legen. Die übrigen Stücke zusammen mit der feingeschnittenen Schalotte, etwas Kaviar, Zitronensaft, Öl und Pfeffer würzen.

Füllung 4

8 schöne Sardellenfilets, 1 Schalotte, 1 kleines Glas Kapern, 1 Bund Schnittlauch

1. Von den Sardellenfilets die vier schönsten Filets für die Garnitur heraussuchen und beiseite legen.
2. Die restlichen Sardellenfilets klein schneiden und die feingeschnittene Schalotte dazugeben. Die Kapern und etwas feingeschnittener Schnittlauch runden den Geschmack ab. Die Mischung eventuell leicht salzen.

Die Füllungen 1 bis 4 in die hohlen Eiweißhälften füllen. Die Eiweißhälfte dazu auf eine Platte legen. Rosette aufspritzen und Garnitur anlegen.

REZEPTE

GEFLÜGELLEBERCREME

50 g Gänseleber- oder Geflügellebercreme (aus der Dose),
30 g weiche Butter, Cognac
oder Weinbrand, 1 Prise Salz

1. Die Gänseleber- oder Geflügellebercreme zusammen mit
der Butter, dem Cognac und
einer Prise Salz mit dem
Schneebesen schaumig rühren.
2. Die Creme in einen Spritzbeutel mit Sterntülle (oder Lochtülle) Nr. 7 füllen.
3. Rosetten aus der Lebercreme
auf die Medaillons spritzen und
verzieren.

GLANZSAUCE

100 g Bratensauce, 1/4 TL Aspikpulver oder 1/4 Blatt Gelatine

1. Die Bratensauce mit dem
Aspikpulver in einem Töpfchen
vermischen und etwa 5 Minuten
quellen lassen.
2. Die Mischung unter ständigem Rühren aufkochen.
3. Die Sauce abkühlen lassen
und die Medaillons damit
bepinseln.

HOLLÄNDISCHE SAUCE

6 Eidotter, 1/2 Tasse Weißwein,
einige Tropfen Zitronensaft,
einige Tropfen Worcestersauce,
250 g handwarme Butter, Salz,
weißer Pfeffer

1. Die Eidotter mit dem Weißwein in einem feuerfesten Topf
verrühren.
2. Mit Zitronensaft und Worcester würzen und im Wasserbad
mit dem Schneebesen solange
schlagen, bis eine cremige
Sauce entstanden ist.
3. Vom Feuer nehmen und
tropfenweise, vorsichtig die
handwarme Butter darunterrühren.
4. Mit Salz und weißem Pfeffer
abschmecken und zum Spargel
servieren.

JOHANNISBEER- UND MINTGELEE

200 g Johannisbeergelee oder
200 g Mintgelee, je 20 g Aspikpulver

1. Das Aspikpulver in 3 Eßlöffel
kaltem Wasser quellen lassen.
2. Von dem Gelee einen ge-

häuften Eßlöffel voll abnehmen
und zu dem Aspikpulver geben.
Die Mischung in einem Topf unter langsamem Rühren auflösen.
Dabei nicht zu schnell rühren, da
die Mischung sonst schaumig
wird.
3. Sobald sich das Aspikpulver
aufgelöst hat, das restliche Gelee hinzugeben und auflösen.

Hinweis: Falls die Mischung
doch schaumig wird, eine
Papierserviette auf das fertige
Gelee legen und diese nach
oben abziehen. So bleibt der
Schaum an der Serviette haften.

KÄSEIGEL

1 Brot (Graubrot, etwa 25 cm
lang), 1 Stück Alufolie (30 x 40 cm),
30 Käsewürfel (2,5 cm dick),
30 Cocktailspieße, 6 Mandarinen
(oder Trauben oder Melonenkugeln), 6 Kirschen (oder Radieschenrosen), 6 gefüllte Oliven, 6 Ananasstückchen (oder
Kirschen), 6 Silberzwiebeln (oder
Cornichons oder ausgestochene
Rettichkugeln)

1. Das Brot mit dem Messer in
Igelform schneiden. Dazu an

einer Längsseite rechts und links ein Segment abschneiden. Das Brot anschließend in Alufolie einwickeln.

2. Die Käsewürfel mit den entsprechenden Garnituren an den Cocktailspießen reihenweise in das Brot stecken.

Hinweis: Anstelle des Brotes können auch ein Kürbis, ein Kohlkopf oder eine Melone verwendet werden.

KRÄUTERKÄSEKUGELN

400 g Doppelrahm-Frischkäse, 1 Zwiebel, je 2 EL Petersilie, Schnittlauch, Estragon, Zitronenmelisse, 1 Knoblauchzehe, 1/2 TL Salz, weißer Pfeffer, einige Tropfen Zitronensaft, einige Tropfen Weinbrand, 100 g feingeriebenen Pumpernickel

1. Den Frischkäse in eine Schüssel geben und mit einer Gabel zerdrücken.
2. Die sehr fein gehackte Zwiebel mit den Kräutern zum Frischkäse geben.
3. Die Knoblauchzehe mit Salz zerreiben, zum Frischkäse geben, mit Pfeffer, Zitronensaft

und Weinbrand abschmecken.
4. Mit leicht benetzten Händen den Frischkäse zu kleinen Kugeln drehen.
5. Den Pumpernickel auf einen Teller geben und darin die Kugeln wälzen.

MARONENMUS

500 g frische Maronen, 1/2 l Salzwasser, 1/2 Tasse Crème fraîche, 2 EL Obstessig, 1 TL Zitronensaft, Salz, weißer Pfeffer, einige Tropfen Worcestersauce.

1. Die Maronen mit einem scharfen Messer über Kreuz einschneiden.
2. Das Wasser erhitzen und die Maronen darin solange kochen, bis sich die Schale löst.
3. Herausnehmen, auf einem Trockentuch abtropfen lassen und die Schale entfernen.
4. Die Nuß mit dem Pürierstab pürieren.
5. Die Crème fraîche mit dem Obstessig und dem Zitronensaft in einer Schüssel schaumig schlagen. Mit Salz, weißem Pfeffer und Worcestersauce kräftig abschmecken und vorsichtig das Maronenmus darunterheben.

PREISELBEERSAHNE

100 g süße Sahne, 100 g Preiselbeeren, 1 cl Kirschwasser, 1 1/2 Blatt Gelatine

1. Die gutgekühlte Sahne locker aufschlagen und die Preiselbeeren darunterheben. Das Kirschwasser dazugeben und ebenfalls unter die Sahne mischen.
2. Die Gelatine in kaltem Wasser etwa fünf Minuten quellen lassen. Danach aus dem Wasser nehmen und leicht auspressen.
3. Die Gelatine in eine Tasse geben und im heißen Wasserbad auflösen.
4. Die aufgelöste Gelatine unter ständigem Rühren mit einem Schneebesen behutsam unter die Preiselbeersahne ziehen.

Hinweis: Die Preiselbeeren können vor der Verarbeitung auch durch ein Sieb passiert werden.

REZEPTE

SCHINKENCREME

70 g gekochter Schinken, 50 g
Butter, 1 Prise Salz und Zucker,
frisch gemahlener schwarzer
Pfeffer, einige Tropfen Aquavit

1. Für die Schinkencreme den
gekochten Schinken zweimal
durch den Fleischwolf drehen
und mit der weichen Butter gut
vermischen. Die Masse mit
einem Schneebesen cremig
rühren.
2. Die Schinkencreme je nach
Geschmack mit Salz, schwarzem
Pfeffer und einem kleinen Schuß
Aquavit abschmecken.
3. Die fertige Schinkencreme in
einen Spritzbeutel mit Lochtülle
Nr. 8 füllen.

SAHNEMEERRETTICH

50 g frischen Meerrettich, Saft
von einer Zitrone, 2 Tassen mit
Sahnesteif, steif geschlagene
Sahne, Salz, weißen Pfeffer aus
der Mühle, 1 Prise Zucker

1. Den Meerrettich schälen und
sehr fein raspeln. Sofort mit
Zitronensaft beträufeln.
2. Vorsichtig unter die geschlagene Sahne heben. Mit Salz,
weißem Pfeffer und Zucker
würzen.

TATAR

180 g Tatar, 1 Eigelb, Salz, frisch
gemahlenem Pfeffer, Paprika,
gehackte Zwiebel

1. Den Tatar zusammen mit
dem Eigelb, den Gewürzen und
den feingeschnittenen Zwiebelwürfelchen würzig und pikant
anmachen.
2. Aus dem Tatar sechs gleichmäßige Kugeln formen und diese
leicht flachdrücken. Mit einem
Messerrücken ein Rautenmuster
als Verzierung auf den Tatar
drücken.
3. Die Tatarstücke auf die vorbereiteten Brotscheiben legen
und verzieren.

WALDORFSALAT

400 g Sellerie, 2 Äpfel, Saft von
2 Zitronen, 1 Becher Crème
fraîche, 4 EL Mayonnaise, Salz,
Pfeffer, 1 Prise Zucker, 3 cl Weinbrand, 50 g Walnußhälften

1. Den Sellerie putzen, in dünne
Scheiben schneiden und hauchdünn stifteln.
2. Die Äpfel schälen, entkernen
und ebenfalls in dünne Stifte
schneiden.
3. Sellerie und Apfelstreifen sofort mit Zitronensaft beträufeln
und in einer Schüssel miteinander vermischen.
4. Die Crème fraîche mit der
Mayonnaise schaumig schlagen,
mit Salz, Pfeffer, Zucker und
Weinbrand abschmecken.
5. Den Salat damit anmachen,
einige gehackte Walnußhälften
darunterziehen.

REGISTER

In gleicher Ausstattung sind erschienen:

Brotbacken · Grillen · Italienische Küche ·
Chinesische Küche · Kalte Platten ·
Salate · Vegetarische Küche · Fondues
und Raclettes · Cocktails · Single Küche

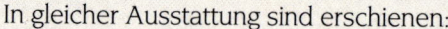

ISBN 3 8068 4236 1

© 1986/1987 by
Falken-Verlag GmbH,
6272 Niedernhausen/Ts.
Fotos: T. E. Creative Fotografie
+ Styling, Frankfurt
Die Ratschläge in diesem Buch
sind von Autor und Verlag
sorgfältig erwogen und geprüft,
dennoch kann eine Garantie nicht
übernommen werden. Eine Haftung
des Autors bzw. des Verlages und seiner Beauftragten für Personen-, Sach-
und Vermögensschäden ist ausgeschlossen.
Satz: LibroSatz, Kriftel bei Frankfurt
Druck: Appl, Wemding

817 2635 4453